# 李清照传

王麓一 著

四川文艺出版社

图书在版编目（CIP）数据

李清照传 / 王麓一著 . — 成都：四川文艺出版社，
2024.9. — ISBN 978-7-5411-7059-1
Ⅰ . K825.6
中国国家版本馆 CIP 数据核字第 2024FC1320 号

## LI QINGZHAO ZHUAN
## 李清照传
王麓一　著

| | |
|---|---|
| 出 品 人 | 冯　静 |
| 选题策划 | 北京斯坦威图书有限责任公司 |
| 编辑统筹 | 李佳铌　刘予盈 |
| 责任编辑 | 谢雨环　卫丹梅 |
| 封面设计 | 异一设计 QQ:164085572 |
| 责任校对 | 段　敏 |

| | |
|---|---|
| 出版发行 | 四川文艺出版社（成都市锦江区三色路 238 号） |
| 网　　址 | www.scwys.com |
| 电　　话 | 010-82561773（发行部）　028-86361781（编辑部） |
| 印　　刷 | 天津中印联印务有限公司 |
| 成品尺寸 | 147mm×210mm　　　　　开　本　32 开 |
| 印　　张 | 7　　　　　　　　　　　　字　数　170 千字 |
| 版　　次 | 2024 年 9 月第一版　　　　印　次　2024 年 9 月第一次印刷 |
| 书　　号 | ISBN 978-7-5411-7059-1 |
| 定　　价 | 58.00 元 |

未经许可，不得以任何方式复制或抄袭本书部分或全部内容
版权所有，侵权必究
本书若有质量问题，请与本公司图书销售中心联系调换。电话：010-82561793

# 引 子

**如梦令·昨夜雨疏风骤**

昨夜雨疏风骤,浓睡不消残酒。
试问卷帘人,却道海棠依旧。
知否,知否?应是绿肥红瘦。

春雨稀稀落落地下了一夜,春风不止。她带着昨夜残存的酒意,询问卷帘的婢女:"庭院里的海棠花如何?"

"依旧开得和昨天一样。"

她踱步到窗边,看着满园的落红,她感到难以置信,心生感伤:你可知,一夜风雨过后,已是绿叶繁茂、红花凋零?

她喃喃自语著回到床上。妆容已残,衣裳微乱,她怔怔地看着锦被,陷入浓浓闺情之中,难以自拔。

这位纯真无邪、敏感多情的少女就是本书的主人公,"千古第一才女"——李清照。

如果说宋词之美在于其婉约悠扬,那么李清照就是宋词的灵魂。她的一生就像一首凄美的宋词,读之使人感叹落泪,回味无穷。

她出身于书香门第,幼时不受物质困扰。在良好的家庭氛围的熏陶下,她出落成气质非凡、清丽婉约的才女。

与寻常女子不同,她的词里描述的是一段段快意生活。

"争渡,争渡,惊起一滩鸥鹭。"她曾经和闺友出游醉酒,误入藕花深处,陶醉于清新淡雅的莲花香气,忘记了回家的路。

"蹴罢秋千,起来慵整纤纤手。"她曾经无拘无束,尽情玩耍,任凭香汗淋漓,不肯停歇,心思随着秋千越荡越高。

"手种江梅更好,又何必、临水登楼?"她曾经有闲情雅致,亲手将江梅种植在闺楼前,日日同江梅低语。

少年时的她,与其说是与众不同的才女,不如说是"风流才子"。她豪情满满、洒脱不羁的性格压倒了众多"须眉"。

成年后,她嫁给了自己的如意郎君——赵明诚。二人情投意合,两心相悦,亲密无间。然而,生活总是风波不断,一如这对夫妇跌宕起伏的命运。

"共赏金尊沉绿蚁,莫辞醉,此花不与群花比。""云鬓斜簪,徒要教郎比并看。"新婚燕尔,她与赵明诚相知相伴,赋诗吟词、饮酒作乐,异常甜蜜。

但美好的时光太过短暂,元祐党争开始之后,他们二人聚少离多,生命中平添了许多别恨离愁。

"二年三度负东君"写不尽她对丈夫、君舅①的怨恨、寒心;"一种相思,两处闲愁"说不尽她独自返回原籍时心中对丈夫的思念、离愁;"帘卷西风,人比黄花瘦"诉不尽她重阳节独自把酒赏菊的寂寞。

就在她认为这些已经是人生至痛之时,靖康之变的消息传至耳畔。靖康二年(1127)三月,赵明诚因母丧先行南下金陵。为了保护他们辛苦收集的金石书画,她只身返回青州,押运文物。一路上,

---

① 旧时妻子对丈夫的父亲的称谓。

官兵追捕，盗贼横行，战乱纷纷，她经历了无数艰辛和苦楚。

让李清照万万没有想到的是，她的人生并没有苦尽甘来。她的后半生反如雪上加霜般，愈加凄怆。

赵明诚病逝，李清照手中的梅花"人间天上，没个人堪寄"，令她悲痛欲绝，南渡后，背井离乡的她漂泊无依，日日"伤心枕上三更雨"，痛苦不堪；国家沦丧，身世凄凉，她"谢他酒朋诗侣"，独自感时伤怀。

李清照晚年定居临安。朝廷风向不定，昔日的"元祐党人"变成功臣，反对变法的功臣又变成罪人。当她为洗刷丈夫冤情，将自己与病逝的丈夫赵明诚共同的心血《金石录》捐献给朝廷时，她已经看透了这个国家，看透了自己这一生。

一人独居，膝下无子女，风风雨雨对于李清照来说已经如同家常便饭。没有了同她赋诗吟词的人，她便没有了写词的兴致。从此，她与旧友和后辈打马、赏字画，过得悠然恬淡。

初读宋词，感其优雅婉约；再读宋词，叹其悲凉美丽；又读宋词，只觉怅然若失。反复咀嚼李清照笔下的宋词，就如同在品味她的人生。少年的洒脱，中年的凄美，晚年的沉郁……她将自己的一生都刻画在宋词的一字一句里，宛如漱玉，叮咚作响，回响不绝。

此刻，捧起这本书，品味她的词，进入她的故事，一起去认识这位洒脱不羁的酒中"神仙"，文采斐然的诗词"才子"，千万人心中的"千古第一才女"！

# 目　录

## 第一篇　无忧无虑的少女时光

### 第一章　李家有女初长成

百脉泉边一才女 / 002

六岁与父分离，独留原籍忆生母 / 005

十一岁闻义举，有其父必有其女 / 007

十二岁读名记，谙练花草树木 / 010

### 第二章　闺阁少女露情思

天真少年时，"沉醉不知归路" / 013

待字汴京少女情，"应是绿肥红瘦" / 016

元宵初见男儿郎，才女顿生缠绵意 / 019

回眸一笑，"却把青梅嗅" / 023

两首侗傥词，锦囊诉心意 / 026

## 第二篇　曲折坎坷的新婚生活

### 第三章　新婚燕尔时

"词女之夫"，悠悠相思梦 / 032

新婚之乐，"共赏金尊沉绿蚁" / 035

01

知音相伴，"赌书消得泼茶香" / 038
绮陌游赏，看尽汴京风光 / 041

### 第四章　汴京风波起

写诗救父，"何况人间父子情" / 044
薄情人家，"炙手可热心可寒" / 047
返回原籍，"花自飘零水自流" / 050
花落水流，"人比黄花瘦" / 053

### 第五章　夫妻再团聚

风雨不定，"想离情、别恨难穷" / 056
试探回京，"未必明朝风不起" / 059
魂牵梦萦，"其乐莫可涯" / 062
婕妤初叹，"画堂无限深幽" / 065

### 第六章　青州好时光

遭遇暗算，夫妻同返青州 / 069
"归来堂"中，自称"易安居士" / 072
缁城贺寿，"虽卿相、不足为荣" / 076
携手游赏，"相从曾赋赏花诗" / 079

### 第七章　念"武陵人"远

"武陵人"远，"多少事、欲说还休" / 082
独居青州，"独抱浓愁无好梦" / 085
前往莱州，"惜别伤离方寸乱" / 088
遭遇冷落，"乌有先生子虚子" / 091

## 第八章　淄州"素心人"

　　淄州任上，一心一意整理《金石录》/ 095
　　夫妇相赏，深夜秉烛诉衷情 / 098
　　赵母逝世，赵明诚南下奔丧 / 101
　　时局骤紧，独自返青州理家 / 103

## 第九章　江宁伤心事

　　赵、李家宴，"醉里插花花莫笑" / 107
　　丈夫冷落，"感月吟风多少事" / 110
　　日日"望君"，"梦远不成归" / 113
　　临阵出逃，"仲宣怀远更凄凉" / 116

## 第十章　建康夫病逝

　　触景生情，"死亦为鬼雄" / 119
　　明诚病逝，"断香残酒情怀恶" / 122
　　大病一场，"凉生枕簟泪痕滋" / 125
　　追忆亡夫，"今年海角天涯" / 128

# 第三篇　凄凉不失风骨的晚年岁月

## 第十一章　南下路途遥

　　玉壶颁金，"魂梦不堪幽怨" / 134
　　追赶御驾，"蓬舟吹取三山去" / 137
　　指桑骂槐，"新室如赘疣" / 140
　　临安安居，"病里梳头恨最长" / 143

### 第十二章　误遇"中山狼"

病中再嫁，所遇为良人？／146

婚后生活，良人竟为"中山狼"／150

状告亲夫，不与"下材"同流污／153

离异之初，"门前风景雨来佳"／156

### 第十三章　金华赞英雄

赞颂使臣，"欲将血泪寄山河"／160

逃往金华，"画楼重上与谁同"／163

游八咏楼，"气压江城十四州"／166

旧事重提，"物是人非事事休"／169

垂钓台上，"扁舟亦是为名来"／172

### 第十四章　临安忆故乡

旧友重逢，"惟愁海角天涯"／175

回忆汴京，"怕见夜间出去"／178

"南昌"寿辰，"借指松椿比寿"／181

再悼亡夫，"人间天上，没个人堪寄"／183

### 第十五章　晚年豁达意

晚年沉郁，"怎一个愁字了得"／187

捐献《金石录》，反被恶亲污／190

登门求跋，喜得"无价之宝"／193

孙姓拜访，小女不领情／196

韩玉父，痴心女弟子／198

第十六章　一代风流才女，后人眼中的李清照

酒中"神仙" / 201

千古词人 / 203

诗文"才子" / 206

爱国志士 / 209

# 第一篇
## 无忧无虑的少女时光

# 第一章 李家有女初长成

## 百脉泉边一才女

**浣溪沙·小院闲窗春色深**

小院闲窗春色深，重帘未卷影沉沉。
倚楼无语理瑶琴。

远岫出山催薄暮，细风吹雨弄轻阴。
梨花欲谢恐难禁。

北宋年间，齐州章丘有一个叫作"明水"的小镇。周遭青山如黛，绿水如丝，景色宜人。西郊茂林修竹，溪深人静，隐约间有一座半新的院落，院中景物清新雅致。庭前玉兰洁白如雪，墙下青竹疏影横斜，房前屋后是数不尽的轻红浅绿，与四周环绕的青山绿水交相辉映，宛如世外桃源。

元丰七年（1084）三月，在这座幽静的庭院中，郓州教授李格非扶着妻子王氏，说道："娘子如今是有身孕之人了，万事要当心，切莫伤了身子。"

王氏笑道："郎君，我知道了。这话你都说了好多次了。"

"还不是心疼你吗？娘子出身于书香世家，岳父更是文采出众、落笔惊人,想来我们的孩儿定天资聪颖、才华横溢。"李格非望着王氏的肚子,一脸欣慰地说道。

"是,是,是,这其中也少不了郎君的功劳。郎君的才华令我钦佩,耳濡目染,想来腹中孩儿定会如郎君般才貌出众。"

两人谈笑间,王氏惊觉腹痛。李格非见状,立刻吩咐下人,请来稳婆。

此时,春风正浓,明水镇一片桃红柳绿,处处燕语莺啼。李格非却无心赏景,一直在卧房外踱步,紧张之情无以言表。

终于,房中传来一阵婴儿啼哭,王氏生了一个似玉般的女娃娃。李格非高兴极了,他向外望去,只觉得满园春色、鸟鸣花香,都不及怀中女儿咿咿呀呀的一声让他心中充满爱意。

明水镇有三处水势旺盛的清泉,名为"百脉泉",其中一处就在李家。自从有了女儿,李格非每天都抱着她在书房玩耍,透过书房的窗户,凝望这一汪清泉,静看朝阳升起,夕阳落下。阳光慢慢掠过清泉,照射着这温柔似水的人家。

或许正因此景,李格非为自己的爱女取名为"清照"。数年之后,世人手中的诗卷里,因这个女孩儿而多了一汪澄明的清泉,多了一道绚烂的天光。再后来,这个名字轻轻地照进每个人的心里,散发着温柔且倔强的光芒。

转眼,李清照满月。众人都来到李家,庆贺李格非喜得爱女。李清照的外祖父岐国公王珪带着厚礼,亲自来探望这位外孙女及女儿王氏。

他抱着这个小小的婴儿,听着她银铃般的笑声,笑意情不自禁蔓延开来。"当初你不顾李家清贫,执意下嫁,婚后自甘清苦,为父百般心疼。但见这小儿眉眼似你,十分灵动,想必来日定有所为,我心也稍稍宽慰了。"

"爹爹，文叔廉洁清正，对我百般疼爱。如今又得此娇女，眉宇间透着清秀之气，更似有一身傲骨。女儿深觉此生如此，已为大幸！"

王珪听着，眼睛不曾离开怀中婴儿半分，心中的喜悦之情自不必说，尽显眉梢。

此后，李格非和王氏两人尽心抚育似清泉、似阳光的李清照。两人爱女心切，简直不知该如何疼爱这个女娃，恰如今日人们所说的"捧在手里怕摔了，含在嘴里怕化了"。

然而，岁月喧嚣，世事总不尽如人意。随着李清照一天天长大，王氏的身子却一日不如一日。

这日，黄昏时分，王氏缠绵病榻，李格非抱着李清照侧坐于床边，握着王氏瘦弱的手。

"娘子，你看我们的孩儿，如此活泼可爱，招人喜爱，你可要好好服药，早日康复。到那时，你为她做衣衫，我教她读书，一起陪着她长大。"

"郎君，我深知自己的身体已经不行了，日后的时光怕是不能陪你和清照了。但是，你要记得告诉清照，她的母亲十分疼惜她，一天都不想和她分开。还有，清照眉宇间透出几分才气，莫要因女儿身而浪费了她的天资。希望郎君能亲自教导，不求她能名扬四方，但求她腹有诗书，不拘一格，自成傲骨！"

怀中的清照忽然大哭，小手不停地挥舞着，想要回到母亲的怀中。李格非望着此景，心中悲痛不已。

半年后，李清照尚不谙世事，还不会唤一声"母亲"，王氏就撒手人寰。"远岫出山催薄暮，细风吹雨弄轻阴。梨花欲谢恐难禁。"梨花凋谢，就连春雨都不忍摧残，而如此伤情之事，竟落在幼女身上。

## 六岁与父分离，独留原籍忆生母

> **浣溪沙·淡荡春光寒食天**
>
> 淡荡春光寒食天，玉炉沉水袅残烟。
> 梦回山枕隐花钿。
>
> 海燕未来人斗草，江梅已过柳生绵。
> 黄昏疏雨湿秋千。

童年是无忧无虑的，童年的天空是美丽动人的。不过，对于李清照而言，童年时光少了太多与至亲之人亲昵的机会。

母亲逝世后，她的外祖父王珪也在元丰八年（1085）离世。而在此前的三月，宋神宗驾崩，宋朝迎来了一位新的天子。

最初，在父亲的陪伴下，李清照的儿时生活还算恬适。没有母亲可以依偎，她就整日依偎在父亲的怀里，咿呀学语，读书诵词。

只是，每到黄昏时分，父亲都望着院中的一汪清泉发呆。

"爹爹，您说母亲到很远的地方去了，可是她到底去了哪里，为什么不回来看我们呢？"

李格非双眼微红，抱起李清照，回答道："我的好孩子，母亲可能是太喜欢外面的风景了吧！等你长大了，就知道了！"

李清照看着父亲，似懂非懂地点了点头。

"如今，朝局动荡，前路未知。我不知还能陪清照多久，希望上天垂怜，能多给清照一些安静的岁月，让她可以悠然度过这一生。"李格非抚摸着女儿的头，默默地想。

当时的李格非怎么也想不到，此后他的官场之路坎坷不断，而李清照多舛的命运才刚刚开始。或许，晚年饱经风霜的李清照，也曾无数次怀念此刻的时光,怀念父亲温暖的怀抱。

元祐四年(1089),李格非被升迁为太学正,在国子监协助教学,并负训导之责。临行前,李格非把李清照留在明水镇,交给第二任妻子王氏抚养。

这位王氏是北宋状元王拱辰的孙女,在诗文方面也颇有造诣。她出身于书香世家,教养、气质更是颇有大家风范。李格非迎娶王氏后,两人伉俪情深。

一日,李格非即将远赴汴京,他抱着李清照,对继室王氏说:"此去汴京,朝廷风云变幻多端,官场更是深不可测。唯恐任职后,无暇顾及清照,更担忧生出事端,牵连到你们母女,所以我决定只身上京,等诸事稳妥,再接你们去汴京相聚。"

"郎君且放心,我定尽心照料清照。只是此去山高路远,郎君务必珍重!"王氏不禁流露出不舍之情。

"爹爹,您要去哪里?不要留下我,带我一起去好不好?"六岁的李清照初懂世事,意识到父亲要远去,不愿与父亲分离。

但无奈诏命不等人,李格非交代完诸事,立刻启程离开明水镇。到了汴京后,他租赁了一间房子,并在庭院内栽种了青竹,将堂屋取名为"有竹",以此怀念故居修竹及亲眷。

自李格非走后,小小的李清照染上了忧思,日日凝望家门,期盼早日能见到父亲。

这年寒食节,她思念生母王氏,又想念远在汴京的父亲,两行清泪不知不觉落下。"莫道无人能报国,红旗行去取凉州。""若无万里还家梦,便是三湘退院僧。"……她轻轻吟诵着外祖父和父亲所作诗句,心中的惆怅随春雨一同落下。

此时的李清照已经觉察到生母已经逝去,不可能再回到自己的身边,甚至都不曾入梦看她一眼。对她来说,生母的形象太过模糊,除了父亲书房里挂的那幅画像，别无痕迹。

虽然继母王氏将她视若己出，对她关心备至，但两人之间终究隔了一道难以逾越的界限，想要触摸母女温情，却又恍然觉得不真实。这大概就是李清照写了一生的词却从未为母亲写过一词一句的原因吧！

这时的李清照并不知道，继母王氏后来生的孩子李远——李清照的弟弟，成了她后半生的依靠。赵明诚逝世后，为了投奔弟弟李远，她带着丈夫留下的金石书画，一路翻山越岭。"山狼"张汝舟露出真面目，她不惜坐牢以求脱离婚姻的苦海时，她的弟弟李远想方设法帮助她，为她四处求情。

正如她的词中所写："海燕未来人斗草，江梅已过柳生绵。黄昏疏雨湿秋千。"在她的一生中，无忧无虑的童年时光似乎也沾染了一些愁情，如黄昏疏雨下的秋千，生出一股寒凉之意。

## 十一岁闻义举，有其父必有其女

六月，细雨霏霏。一位明艳的少女跑出卧房，与婢女在细雨中嬉笑玩闹。衣衫被打湿，笑声如雨水滴落在地的声音，清脆动人，格外明朗。

"姑娘，雨好像下大了，我们赶紧回屋吧，小心着凉了。"另一位婢女打开油纸伞，为李清照遮雨。

"这细雨如此缠绵，园中花草尽洗铅尘，明亮异常，如此美景切莫辜负。"李清照不顾劝阻，依旧沉浸在这美丽的雨景中。

"清照快来，你爹爹来信了！"王氏走进她的园子说，"哎呀！雨天湿寒，你怎穿得如此单薄站在雨中，快进屋来，莫着了风寒！"

"爹爹来信啦！给我，我要看！"李清照娇嗔一声，随王氏进入屋中，迫不及待将信展开。

王氏吾妻：

　　一别两生宽，两地相思长。怎奈命运多舛，前途更坎坷。今因事获罪，放逐广信，是为通判。不知何日抵达，心中徒生悲凉。但自古好事多磨，此番境遇未尝不是好事，故吾妻勿念，此处心安。只念吾女清照，不知近况如何，望传家信，以慰吾心。

　　"爹爹被贬到广信了，此地偏远，爹爹可是又受了很多苦？"李清照读完书信，心仿佛被揪了起来。

　　王氏眼眶泛红，拍了拍清照的手，说道："你爹爹与你苏伯父等人向来交好，更何况苏伯父对他有赏识之恩，如今变法之事闹得沸沸扬扬，以他刚直的性格，想来必不会在此事上巧做周旋，因此才被牵连吧！"

　　"爹爹傲骨，与苏伯父等人同是忠贞之士，不该被贬，我要像爹爹一样，宁折不屈。"李清照攥紧书信，坚定地说道。

　　王氏面露欣慰之色，道："好孩子，你爹爹没有看错你。只不过，这事关乎朝廷，以后莫要再妄言了。"

　　李清照默默无言，沉思良久，心中久久不能平静。

　　此时，广信军任上，李格非遥望明水镇的方向，叹息自己无法与妻女相见。

　　一日，他带人在城中巡视。忽然，一顶装饰华丽的轿子抬过，轿夫蛮横地呼喊，要求路人让路。李格非十分疑惑，命人拦下轿子，询问轿子中是何人。原来，轿子里面是一位道士，因给人看相、占卜祸福而名声大噪，一时身价百倍，出门必乘轿，阵仗浩大。

　　李格非生性痛恨这些江湖术士，更厌恶这些迷信之道，一怒之下，命人把道士从轿子里拉了下来，说道："你说你可以占卜祸福，那你给我算算，我未来运势如何呀？"

道士一见李格非，顿时吓得面如土色，战战兢兢地说道："官人气度不凡，日后必会大展宏图，更有良缘佳偶，子孙万福。"

李格非嗤笑一声，喝道："我早已成亲多年，膝下只有一女，可见你满口胡言，纯属讹诈百姓之徒。"

"官人，我冤枉啊，是我有眼不识泰山，官人莫要跟我计较，还请宽恕我呀！以后我再也不敢招摇撞骗了。"道士声泪俱下，直跪在地上磕头。

李格非心中并没有产生一丝怜惜之情，看这道士堂堂男子之身，却不见一点儿男子气概，反而心中怒气更盛。"来人，此等无耻之辈不配留在广信军境，速速拖走，杖责五十，赶出城外！"

道士一听，惊恐万状。还不等他再次央求，就被身边的人拖了下去。

事后，李格非写下一封家书，将此事告知王氏和李清照二人。

李清照得知此事后，被父亲的义举打动。她站起身来，望着父亲所在的方向，对王氏说道："爹爹此举真是大快人心，我日后也定像爹爹一样，疾恶如仇，坚持正义，惩罚这些无耻之徒！"

王氏听了，笑出声来："我家女儿竟有这般男子气概，莫不是以后要做行侠仗义的侠士？"

"那……那又有何不可？"李清照面色绯红，双手绞着衣角回道。

此时的李清照虽然年幼，但秉性与其父亲十分相像。她坚持正义，崇尚正道，其精神、风骨不同寻常，可压倒诸多"须眉"。也正是因为这种刚直的性格，李清照后来即使颠沛流离也不忘清白之志。

无论是被赵明诚再三抛弃，还是被迫逃亡，一路南下，或是再婚后被张汝舟虐待，以及晚年境遇凄凉，李清照都不失其傲骨，不改豪放之风，更写下"生当作人杰，死亦为鬼雄""木兰横戈好女子，老矣谁能志千里"等豪情诗词，令后人惊叹。

## 十二岁读名记，谙练花草树木

> **临江仙·梅**
>
> 庭院深深深几许，云窗雾阁春迟。
> 为谁憔悴损芳姿。
> 夜来清梦好，应是发南枝。
>
> 玉瘦檀轻无限恨，南楼羌管休吹。
> 浓香吹尽有谁知。
> 暖风迟日也，别到杏花肥。

"人间佳节唯寒食，天下名园重洛阳。"历代，洛阳都为名园荟萃之地，公卿贵戚在此修建了众多邸宅、园林。北宋时，洛阳作为都城西京，成了文人荟萃之地。

绍圣二年（1095），李清照十二岁，李格非被升为礼部员外郎，重回汴京。经历了这一次升迁，李格非的心境发生了很大的变化。他走进自己的有竹园，看着园中的青竹、花草以及亭台楼阁，心中感慨万千。

"想昔日初来汴京，为此园煞费苦心，花草树木无一不尽心侍弄。然经此变故，花草树木似有衰败之意。深觉万般繁华都是虚妄，没有太平盛世，任何事物都无法永恒呀！"想到此处，李格非萌生一个念头。

"洛阳名园无数，其中景观各有特色。何不把这些园中的盛景记录下来，连同园主记载于书中。这样，即便改朝换代，这些名园风光及其主人至少还能留下一丝痕迹，后人读之也可收敛心性，得知园林兴衰与国家兴亡密不可分。国家灭亡，这名园风景也将随之消失殆尽。"

此后，李格非在汴京履行公务之余，便去洛阳参观游览王公大臣所建造的私宅园林，撰写《洛阳名园记》。

书中记载了十九处名园，其中十八处为私家园林，一处为公共园林，详细记录其园主、园林布局、景色及特色。

成书后，李格非将此书寄给王氏和李清照。

"母亲，您看，这是爹爹所著之书，其中尽揽名园风景，着实有趣。"李清照收到此书，细细研读每一页，如饮甘露，畅快无比。

王氏看着李清照痴迷的样子，笑着叹了一口气，道："我家一老一小除了对家务事不关心，对金石书画、园林景致样样都痴迷，简直就是两个呆子。"

"母亲，您说什么？我没听见，等我看完爹爹的书，再陪您说话。"李清照的眼睛舍不得离开此书，低着头喃喃道。

王氏无奈地摇了摇头，走了。

"洛阳园池，多因隋唐之旧，独富郑公园最为近辟。"读到富郑公园，李清照想到一代名相富弼。他曾出使辽国，与辽国谈判，拒绝割让土地，其不卑不亢、仁德而有威严的风范让人敬佩。想必他的宅院别有一番趣味。

想到此处，李清照继续读下去。"凡谓之洞者，皆轩竹丈许，引流穿之而径其上。"修竹为洞，溪水穿竹，何等雅兴！"若在春日，取酒杯于溪中，众人环坐，吟诗醉酒，才不负此等雅景。"李清照一边说着，一边想象这番场景，心中不胜喜悦。

在读到环溪园时，李清照想到继母王氏说过，环溪园是她祖父修建的。昔日就听父亲说起，外曾祖父曾为状元，文采斐然，他修建的园子又是何等风光呢？

华亭、凉榭、多景楼、风月台、锦厅、秀野台……各种亭台楼阁美不胜收，每座都精致清雅，别有意趣。"凉榭锦厅，其下可坐百人，宏大壮丽，洛中无逾者"，这种亭榭想必宏伟至极，只可惜没有机会一观。

李清照盯着书中文字愣神，又想到自己的生母。如今继母祖父的家宅如此恢宏，想必继母儿时的时光怡然自得。若是我的生母还在，定会向我讲述她的儿时生活，母亲儿时的故居，必定也温馨异常。

一番感伤后，李清照又捧起此书，了解父亲所游览的各处园林，并细细揣摩、想象，犹如自己置身于各园中，饱览园林风景，观赏其中的花草、青竹、树木。就这样，她每日仔细研读此书，更有意琢磨各种花木的品格，默默将其记在心中。

宁折不弯的修竹、凌寒盛放的腊梅、气质高洁的秋菊、出淤泥而不染的莲花……种种花木都似根植于李清照心中，生长出繁茂的枝叶，绽放出清香的花朵。正因如此，李清照笔下的景物似附着各自的"精魂"，如人物般生动传神，引人入胜。

此后，李清照不仅渐谙世事，其人其文也逐渐显露"皎若太阳升朝霞""灼若芙蕖出绿波"之姿，逐渐自成风格，韵味无穷。

# 第二章　闺阁少女露情思

## 天真少年时，"沉醉不知归路"

> **如梦令·常记溪亭日暮**
>
> 常记溪亭日暮，沉醉不知归路。
> 兴尽晚回舟，误入藕花深处。
> 争渡，争渡，惊起一滩鸥鹭。

青葱岁月时，灿烂时光里，展开宣纸，落笔写下"争渡，争渡，惊起一滩鸥鹭"，读之只觉清澈无尘，耐人寻味。

得知父亲已被召回京，升为礼部员外郎之后，李清照渐渐放下那颗悬着的心。读过父亲所作的《洛阳名园记》后，她对古都园林、胜迹美景产生了浓厚的兴趣。她不想被家宅那一方天地拘束，越来越向往外面的良辰美景。

如果李清照是寻常人家的女子，这种心思恐怕只能在家宅中逐渐销声匿迹。然而，她自小备受父亲和母亲的宠爱，二人对她如对"男儿郎"一般，即使发现了她的一些不合"闺范"的举动，也不加干预，而是任由她潇洒、愉快地生活着。因此，即使她想远足野游，他们也不曾阻拦。

是日，她找到王氏，故作正经地说道："母亲，近日我翻阅了父亲著作,心中十分向往那些胜迹美景,故想要远足野游一番,以饱览美景,增长见识,还望母亲应允。"

王氏看着李清照一本正经的样子,早已看穿了她的小心思,嗔怒道:"闺阁女子自当恪守本分,怎能随意出门抛头露面呢?"

李清照见此,耐不住调皮心性,双手抓着王氏的衣袖,撒娇道:"母亲,我都在闺阁刺绣数日了,甚是无聊,母亲就答应我吧,答应我吧!"

"你这个小机灵鬼,就知道我最受不了你撒娇,好,好,好,答应你便是。但是,必须早点儿回来,不能在外逗留过久,可知否?"王氏被李清照缠得再也没一点儿脾气,只好答应了她。

"好,知道了,我定早早归家,不让母亲担忧。"话说到一半,李清照便迈步向外走去,一路笑声不断,全无一点儿闺阁女儿娇羞之态。

王氏看着李清照活泼的背影,不由得笑着叹了一口气。

终于出了家门,李清照如同被放飞的鸟儿,一路和几个闺中好友欢呼雀跃,欢声笑语不断。

"听说溪亭的荷花最是动人,定要一观。"

"赏荷必要配美酒,这样才更有意趣。"

"那我们该去哪家酒馆买酒呢?"

"我知道,我知道,跟我来……"

一行人先是游览了周围的名胜古迹,接着又买来一堆酒,趁着春光豪饮一番。微醉的少女们坐在凉亭里,看着湖中盛开的荷花,沐浴着和煦的春风,诗兴渐起。

"如此美景,更有美酒作陪,不妨一同吟诗。"

"雅兴至极,自当奉陪。"

"清照可是才高八斗的'女状元',我才不要跟她比作诗。不如我们来接与荷花相关的诗句,输了的罚酒三杯,可好?"

于是，她们一个接一个开始吟诵诗句。

"惟有绿荷红菡萏，卷舒开合任天真。"

"月明船笛参差起，风定池莲自在香。"

"素蘤多蒙别艳欺，此花端合在瑶池。"

"昔日芙蓉花，今成断根草。"

……

她们竟吟诵了上百句与荷花相关的诗句。又接了片刻，其他女子相继败下阵来，唯有李清照腹中还有很多诗句。

"嗯……让我想想……"

"快点儿，时间一到，可要罚酒了。"

最后，除了李清照，其他女子都被罚酒数次。直到黄昏，众人昏昏沉沉，竟不知时辰几何。迷蒙间，大家看李清照尚清醒，于是不依不饶，都开始灌她酒。直到李清照面色绯红、脸上发烫才罢休。

就这样，从早到晚，她们玩耍了一整日。天色渐渐暗了下来，她们才知时辰已晚，忙寻船渡湖回家。

然而，不知是醉意太浓，还是玩耍不足，她们的船几番误入藕花深处，不知道回家的路到底在哪边。

天色已黑，她们在湖中胡乱划着船，竟都有不愿清醒、在此贪欢之意。到最后，索性都躺在船上，谈笑风生。谁知，嬉戏声越来越大，藕花深处的鸥鸟和鹭鸟都被惊醒了，呼呼地拍打着翅膀，似乎在和她们争着渡湖。

她们见此，又是一片欢声笑语。片刻，家人来寻，她们才醒了几分，各自散去。

回到家中，李清照发髻散乱，被婢女扶到卧房。正当婢女服侍她更衣之时，她推开婢女，摇摇晃晃来到书桌前，提起笔墨，回想着今日游玩的情景，嘴角带着化不开的笑意，挥笔写下：

常记溪亭日暮，沉醉不知归路。兴尽晚回舟，误入藕花深处。争渡，争渡，惊起一滩鸥鹭。

一代才女多率真！多年后，李清照饱经风霜，再忆起这段时光，只觉得年少轻狂，潇洒岁月最是动人。

## 待字汴京少女情，"应是绿肥红瘦"

> **如梦令·昨夜雨疏风骤**
>
> 昨夜雨疏风骤，浓睡不消残酒。
> 试问卷帘人，却道海棠依旧。
> 知否，知否？应是绿肥红瘦。

汴京盛景，不如团聚之情。

李清照十六岁时，李格非在汴京任职多年，诸事已然稳妥。想到远在明水镇的清照和王氏，李格非心中思妻思女之情难耐。于是，一处理完京中琐事，他就立刻将李清照和王氏接到汴京。

这日，王氏和清照的车马抵达汴京的有竹园。

"爹爹！"车马还未停稳，李清照就急不可耐地钻出轿子，扑进李格非的怀里。话音未落，两眼竟先蒙眬起来。

"我的好孩子，快让为父看看。"李格非眼眶瞬间微红，"都长这么高了，出落得更加清秀了，就是清瘦了些，都怪为父这些年未曾好好照顾你。"

"爹爹莫怪，母亲将我照料得很好，只是思念之情太甚，食不甘味。"李清照依偎着父亲，不肯放手。

"郎君，你看，女儿竟还是小孩子心性，喜欢撒娇，我看等哪天将她许配人家，她或许才能稍稍收敛呢。"王氏站在一旁，嗔笑道。

李清照面色一红，离开父亲。"我要永远陪着爹爹、母亲，才不要嫁人！"随即，害羞地转过头去，走进宅院中。

李格非和王氏看着李清照的身影，一边笑着一边也走进了宅院中。

此时的李清照并不知道，李格非此次将她们接过来，不单单是为了一家团聚。正如王氏所说，是时候为她觅一个好夫婿了。而让李清照更想不到的是，她命中注定的夫婿此时已经离她越来越近。

自从到了汴京之后，李清照日日都能见到父亲，还可以得到父亲的教导，心中欢喜万分。只不过，朝中诸事繁忙，父亲并不能时时相伴。大部分时间，李清照只能独自待在闺阁中，看书、赏花、写诗作词。

时间长了，李清照不免觉得乏味。昔时，在老家明水镇，她还可以出去玩耍，和两三知己举杯共饮。而今日，她人在汴京，被礼教束缚，日日被困在闺阁之中，甚是无趣。最重要的是，此时正是春光烂漫、百花尽绽的时节，她却总觉得身边少了点儿东西，却又难以言明。这种朦朦胧胧的感觉搅得她心烦意乱。

是日，父亲早早出门办事，王氏在家中操持家务。李清照看到海棠树上的海棠花朵朵盛开，粉白娇嫩，姿态潇洒，甚是可爱。她想起从老家明水镇带来的青梅酒，酒瘾隐隐作动。

"小婵，快将那坛青梅酒取来，如此美丽的春景，无酒太无趣味。"李清照坐在亭中，托腮说道。

婢女依言，取来青梅酒。李清照看着盛放的海棠，拿起酒杯独酌。天渐渐阴暗下来，一种情思随着酒意蔓延，使她无法自拔。转眼间，一坛酒将尽。

"姑娘,这天怕是要下雨了,还是少饮些酒吧,小心伤身。"婢女看着微醉的李清照,担忧地说道。

"春雨可知海棠娇嫩,是否也会不忍摧残呢?"李清照不理会婢女的话,借着酒意低喃着,"'云想衣裳花想容,春风拂槛露华浓。若非群玉山头见,会向瑶台月下逢。'不知这一树海棠为谁而开,又为谁而落呢?"

说话间,又是数杯酒下肚。片刻,李清照面色嫣红,初带醉意。婢女见此,慌忙将她扶到卧房。婢女刚侍候她睡下,窗外淅淅沥沥的雨声就响了起来。春风吹了进来,床纱拂动,如玉容颜染上海棠的颜色,粉红可爱,撩拨得人心荡开春水的涟漪。

春雨淅淅沥沥下了一夜。春风不解人意,更是和着春雨凑了一夜的热闹。直至清晨,春雨方歇,只有微风还不舍得离开。

李清照从梦中醒来,脸上绯红颜色还未尽消。她慵懒起身,惺忪中,看到似雾帐幔外,有人正在慢慢挽起珠帘,徐徐走来。

"姑娘醒了,现在可要梳妆打扮?"婢女撩起帐幔,看到李清照双眼迷离,还似有酒意,出声问道。

然而,这一声之下,李清照犹如刚被惊醒,突然回过神来,双眼这才清明起来。

婢女见此,只当她还未清醒,便准备退出门外。忽然,李清照站了起来,问道:"这雨下了一夜?那海棠花还在不在?"

"是呀,这雨淅淅沥沥直下了一夜,不过细雨霏霏,海棠花应该还在树上吧!"婢女边回身撩起帐幔,边回道。

李清照顾不得穿上外衣、鞋子,慌忙跑到窗前。只见海棠树下,朵朵粉红的海棠花零落在泥土上,似被人丢弃般,一片杂乱。

她出神地看着地上的花瓣,丝毫没有感觉到清晨春风的寒冷。"你可否知道?这个时节应该是绿叶繁茂、红花凋零了。"

这时，一旁的婢女又怎么知道，李清照心中怜惜的不只是海棠，更是自己的豆蔻年华。那是日日被困在闺阁之中，情思不能解、爱惜春色却不能得的叹惋之情，而这种种情思无以言表。

随后，李清照走到书桌前，提笔写下一首《如梦令·昨夜雨疏风骤》：

昨夜雨疏风骤，浓睡不消残酒。试问卷帘人，却道海棠依旧。知否，知否？应是绿肥红瘦。

几日之间，这首词名噪汴京。诸多文人见了，连连叫好，皆叹精妙。一个名叫赵明诚的太学生读了这首词，春心荡漾，情思悠长。李清照和赵明诚的故事，就从这里开始了。

## 元宵初见男儿郎，才女顿生缠绵意

> **浣溪沙·髻子伤春慵更梳**
>
> 髻子伤春慵更梳，晚风庭院落梅初。
> 淡云来往月疏疏。
>
> 玉鸭熏炉闲瑞脑，朱樱斗帐掩流苏。
> 通犀还解辟寒无？

流光飞逝，转眼到了上元节。从正月十四晚上开始，汴京城内热闹至极。夜幕低垂，街上各色的花灯通通亮起，都人士女或跨马，或乘车，三两成群，在街上赏灯猜谜、挑选饰物，意趣盎然。

到汴京许久，李清照都不曾出门，好不容易等到上元节，她的心儿早已飞到了街市上，一心只等着天黑。

王氏早就知道李清照盼望出门已久，便把一个手脚麻利又颇具见识的婢女安排到她身边。王氏看着李清照人在房中，眼睛却频频望向窗外，不由失声笑道："依我看，家中竟住着一位'奸细'！"

李清照听此言，情不自禁羞红了脸，道："母亲，您又取笑我，才没有。"

"好，没有，不是我家女儿心急，是我家远儿迫不及待想出去了，是不是呀？"王氏拉着李清照小弟李远的手说道。

"母亲，天为什么还不黑呀，我要出去玩花灯。"小李远奶声奶气地说道。

王氏和李清照听了，双双看着李远笑出声来。

随后，婢女为李清照穿好汴京盛行的衣衫，戴好花色新颖、质地贵重的首饰，众人看了，直夸赞她气质高雅，恍如"神仙妃子"。正所谓"女为悦己者容"，这时的李清照似乎预料到，她的"真命天子"已经现身，只等她去寻，因此极其重视这次上元节出游，一身打扮也颇费了一番心思。

好不容易等到暮色低垂，小李远迫不及待地提着最心爱的花灯跑来跑去，催促着李清照和王氏。

"母亲，姐姐，你们快点儿，快点儿！天都黑了，街上的花灯都亮起来了。"

李清照此时"盛妆待发"，笑着点了点小李远的鼻子，拉着他走出门外观看天色。只见，落日已经融在金色的霞光之中，暮云慢慢聚合成一块巨大的玉璧，真可谓一派融和天气。

终于，王氏带着李清照姊弟、婢女及仆人登上车前往御街。片刻后，车马行至巷口，忽见一灯火通明处。

小李远兴奋地看着车外，问王氏："母亲，这是哪里，为何如此明亮？"

"这是影戏棚子，因为怕游人小儿丢失，特意使灯烛明亮，若有人丢失、迷路就可以来这里，方便家人寻找。"王氏摸着小李远的头，对他们姊弟二人说道。

一路行去，直到乐棚，里面宫观寺院数座，皆陈列各色灯烛，光彩夺目，更有鼓、笙、簧齐鸣，热闹非凡。御街两侧，还有许多精通奇术异能之辈，演练歌舞百戏，掌控火树银花。一时间，街市上流光溢彩，极尽繁华。

李清照沉醉在各色灯光中，眼花缭乱。忽然，一阵骚动，她看到众多女子都朝着大相国寺方向走去，似乎那里有更好的景色。

她回望了王氏一眼，眼中尽是哀求之意。王氏见此，无奈笑道："去吧，找人跟着，切记不要乱跑。"

"是，母亲！"李清照笑着答应，然后拉着王氏派给她的婢女，快步向大相国寺走去。

顷刻，闻得大殿前乐声四起，众人都进入大相国寺游赏。李清照的闺中好友看到她，立刻将她拉到寺内，找了一个绝佳的游赏位置。李清照放眼望去，佛牙、诗牌尽收眼底，心中愉悦至极。

婢女在一旁也看得津津有味，并时不时央求李清照讲解诗牌。李清照正在讲解时，突然感觉一道目光注视着自己。她回望过去，只见一位公子站在花灯前，凝望着她。

"满堂兮美人，忽独见与余兮目成。"李清照心中不禁冒出这句话。她被这位公子的神采所吸引，心神如同荡漾的春水，起伏不定，难以自拔。忽然，她又想到自己的身份，顿时羞云遮面。

"我等闺中女子怎能如此堂而皇之注视男子，还想这缠绵情思之语呢？"李清照羞赧不已，不知该如何是好。

正当她手足无措之时，婢女拉了拉她的衣袖，说道："姑娘，你还没说完呢，这诗牌到底是什么意思呀？"

李清照心中激起涟漪，一时失了心神。被婢女一拉，她慌忙收回目光，草草地为婢女解释了一通。不等婢女再问，她慌张地扯着婢女的衣袖，离开了大相国寺。

王氏见她不到片刻就回来了，心生疑惑，便问道："怎么这么快便回来了，大相国寺不好玩吗？"李清照容颜微红，眼神闪躲，支支吾吾说道："没……没什么特别稀奇之物，我……我挂念小弟，便回来了。"

王氏生疑，也不知何故，只好叫了小李远，众人一同回府。路上，小李远不停地玩闹，说着："姐姐，姐姐，你看，这是母亲给我买的糖人。""姐姐，你不知道，我见到一个兔子花灯，特别漂亮……"

而李清照此时心不在焉，只敷衍地应和着小李远。王氏有些担心，问道："怎么了，身体可不适？"

"无事，许是逛累了，有些困乏，休息一下便好。"李清照低声说道，便闭上了眼睛。王氏欲再问，见此状便不再打扰她。

然而，众人都不知，这位闭目而思的小娘子此刻已是方寸大乱。她脑海里浮现出那位公子的模样，那双炯炯有神的清眸，已经看到了她的心，让她慌乱不已，不知所以。这一路上的盛景美事，都抵不过那一眼，让她怦然心动，失了心神。

这时的她并不知道，这位公子就是她未来的良人。

# 回眸一笑，"却把青梅嗅"

> **点绛唇·蹴罢秋千**
>
> 蹴罢秋千，起来慵整纤纤手。
> 露浓花瘦，薄汗轻衣透。
>
> 见客入来，袜刬金钗溜。
> 和羞走，倚门回首，却把青梅嗅。

正月十五，李清照大相国寺一游，见一公子怦然心动。这位扰乱李清照心的公子，到底是何许人也？

原来，与李清照"目成"的那位贵公子，不是别人，正是当朝中书舍人兼侍讲的赵挺之之子——赵明诚。

这赵明诚风流倜傥，仪表堂堂，不仅是学业优胜的太学生，还是颇有名气的金石碑拓的收藏家。

正月十五这晚，赵明诚陪李清照的堂哥李迥游赏，二人本无意逗留过久，但是一位少女却牵动了赵明诚的心。

赵明诚游赏之际，忽然看到一位在自己梦中隐约出现过的才颉文姬、貌若宓妃的女子。他看着她笑意盈盈、耐心地为婢女解读诗牌，不由得失了神。就在此刻，李清照感觉到他灼热的目光，回眸一望，恰好对上他的双眸。

刹那间，二人隔着数人，却恍如对方近在咫尺，彼此的明眸中倒映着自己的影子，似有春风拂过，影子为之荡漾。这一眼，足以让赵明诚为之倾倒，几难自持。

这当儿，李清照慌乱地回过头去，拉着婢女跑开了。赵明诚一直凝望着她的背影，目光不肯移走半分。

"德甫,你看那盏美人花灯,好生精巧。"李迥未察觉到赵明诚的举动,依旧拉他看花灯。他良久得不到赵明诚的回应,便回身看去,只见赵明诚眼如春水,一直望着远方。

"我说你今日为何执意邀我看花灯,原来你意不在花灯,而在寻觅娘子呀!快告诉我,你看上了哪家姑娘呀?"李迥见此,打趣道。

赵明诚这才回过神来,呢喃着:"哪里,哪里,一时认错人而已,时辰不早,你明日还要赶路回乡省亲,我们还是赶紧回去吧!"

于是李迥和赵明诚各自散去,回到家中。李迥怎么也想不到,赵明诚只因这一抹倩影便神魂颠倒、难以自持。

转眼,正月过去,李迥返回汴京。他来寻赵明诚时,却发现赵明诚神情恍惚,竟生生消瘦了一大圈。

李迥诧异,正欲开口,赵明诚却急不可耐先声发问:"李兄,你可曾记得,正月十五那晚,我们在佛牙、诗牌旁边遇到的女子?那娘子身着华衣,莞尔一笑,当真如'诗仙'下凡,让我见之失神,思之若狂呀!"

李迥听此描述,也不知是何许人也,便低头不语。赵明诚见此,心急万分,他派人多方打探,苦苦寻觅。终于,他得知那晚的女子是礼部员外郎李格非的女儿李清照。

在清明节即将来临时,赵明诚心慌不已,万分想要前去一探究竟。于是,他假借拜访李格非之名,央求李迥将他带进了李府。然而,赵明诚对于李清照来说,却完全是一位不速之客。

那日,春风徐徐,天色明澈,洁白的柳絮漫天飞舞。庭院中,一架被紫藤和杜若缠绕着的秋千上,有一抹动人的倩影,那正是李清照。一位婢女在后面轻轻推起秋千,李清照和秋千一起随风荡起,香风习习,令人心旷神怡。

少顷,李清照不满足于秋千轻荡,只催促婢女:"高点儿,再高点儿，再高点儿……"秋千越荡越高，熏暖的和风在耳边轻柔吹过，身旁的杏花树似被盛情所染，杏花纷纷落下，飘落到佳人发髻、柔身之上，真真是锦上添花，容颜倾城。

荡完秋千，李清照慵倦起身，擦拭纤纤素手。此时，身上薄薄的罗衣被涔涔香汗渗浸，微贴于似雪凝肤之上，脸颊微红，似含苞待放的花儿，额上渗出的晶莹汗珠如同花儿上的晨露。

随后，她微微喘息，拿过婢女手中的锦帕，轻轻擦拭脸上的汗珠，站在原地休息。

这一幕恰巧被刚走进庭院的赵明诚看到，他看着李清照额间鬓角挂着汗珠，轻衣透出香汗，一副天真活泼、憨态可掬的模样，不由得出了神，双眸和心中尽是她的倩影。

李迥见此说道："德甫，不是说要拜访我叔父吗，还是赶紧走吧！"

李清照听了这一声，不由心惊。"我这番模样，乱若被外客瞧去，成何体统。"如此想着，她匆匆瞥了一眼赵明诚，慌乱中连鞋子也顾不上穿，光着脚害羞地朝屋里跑去，头上的金钗不小心滑落，她也无暇顾及。

她一边跑着，一边回忆起刚才那位公子的模样。"那位公子，好生面熟，似在哪里见过……莫不是那晚……"想及此，她本就微红的脸颊瞬间滚烫，心脏跳得更加厉害。

"若真是那位公子，今日他来访又是为何？"李清照不敢再想下去，只任由心脏狂跳，难以自持。跑到屋里，她又突然放慢脚步，竟有一丝不舍之意。

"姑娘，怎么不走了，外面有外客，我们还是赶紧回避一下吧！"婢女催促着。

"我……我……我刚才似乎看到门外有青梅结果，想起……想起答应爹爹要做青梅酒……因此……去看一眼青梅。"李清照语不成句,一边断断续续地说着,一边小心翼翼地走到门口,探出头去,一手捧着树上青梅,凑上去轻轻嗅着。

此举似是嗅青梅,实际上那双明亮的眸子早已出卖了她,直直地望着不远处的公子。"果然是他,竟然是他……"此时,李清照感觉胸膛里的心似乎迫不及待想要跳出来,触摸着青梅的素手竟然微微发麻,双脚也似被定住了般,无法挪步。

而那头的赵明诚见此,也是心神荡漾,不舍移目,似要把眼前的倩影刻在眼里,揉在心里。

"咳……"李迥见此情景,立刻低声提醒这失了神的二人。

赵明诚和李清照听了,方回过神来。李清照慌忙收回手,转头跑进房中。赵明诚伸手探去,想要出声阻拦,但话到嘴边又咽了下去,随即慌忙放下手,跟着李迥向正堂走去。

拜访完李格非,赵明诚神情恍惚地走出李府。那抹倩影始终萦绕在心中,挥之不去,只搅得心神激荡。

回到家中,赵明诚日夜茶饭不思。李清照的才貌令他不胜爱慕,但是他却不明了李清照的心意,故有"求之不得,寤寐思服"之状。然而,不久后,一个锦囊给了他一颗定心丸。

## 两首侗傺词,锦囊诉心意

### 双调忆王孙·赏荷

湖上风来波浩渺,秋已暮、红稀香少。
水光山色与人亲,说不尽、无穷好。

莲子已成荷叶老,青露洗、蘋花汀草。
眠沙鸥鹭不回头,似也恨、人归早。

庭院一见，李清照和赵明诚彼此倾心，但在那个时代，这对才子佳人的故事并不是情投意合就可以拥有圆满的结局。李清照深知这一事实，但无奈人在深闺，无处诉说。

被烦恼所困，她日日在房中踱步。这日，她忆起自己在明水镇故居无忧无虑的时光，提笔将当时所作的《如梦令·常记溪亭日暮》又重新写在纸上。

"身在汴京，这一身才名也困在深闺中，无人知晓，更何谈儿女情长。"想及此，她不由发出一声叹息。

片刻，她回头看到纸上的词，突然心生一计。"此身不可出入自由，但尚可'鸿雁传书'啊！"她莞尔一笑，又提笔写下另外一首词——《双调忆王孙·赏荷》。正当她准备把这两首词装入锦囊时，突然又想到了什么。

于是，她重新寻来两张纸，刻意用不同的字体精心书写了一遍这两首词，才小心翼翼地将它们放进婢女绣制的锦囊中。然后，她郑重其事地将锦囊交给了王氏，请求王氏将它放入父亲的案头。

王氏似乎看透了李清照的心思，只含笑不语地将锦囊原封不动地放在了李格非的案头上。

李格非处理完公务，走进书房，一眼就看到这个色彩鲜明的锦囊。他急忙打开一看，随即陷入沉思。

"虽然她改变了字体，但是我又怎不知是她所写。这两首词一字一句怕是别有深意呀！"

傍晚，李格非在卧房和王氏谈起此事，二人心照不宣，都知晓了李清照的心意。李格非转念一想，这次接清照来汴京，正是为了她的婚姻大事。若此事能助她寻得良人，也未尝不可。

翌日清晨，李格非到太学将这个锦囊交给了侄子李迥。

"此中诗词精妙，可与赵公子及太学生一同拆览。"临走前，李格非嘱咐道。

李迥见此锦囊色彩明丽，似闺中之物，猜到是堂妹之物，深感意外。

此时恰好风和日丽，太学生都在凝祥池一游，李迥便叫上赵明诚一同前去。游玩中，李迥故意将锦囊丢在地上。

"咦，这是谁的锦囊呀？"赵明诚发现了，把它捡起来。众位太学生见此，都上前一观。李迥佯装不知，也凑上来观看。

他们将锦囊中的两张纸条展开，只见上面写着两首词：

### 如梦令·常记溪亭日暮

常记溪亭日暮，沉醉不知归路。
兴尽晚回舟，误入藕花深处。

### 双调忆王孙·赏荷

湖上风来波浩渺，秋已暮、红稀香少。
水光山色与人亲，说不尽、无穷好。

莲子已成荷叶老，青露洗、蘋花汀草。
眠沙鸥鹭不回头，似也恨、人归早。

众人看过，深觉精妙。

"这首《如梦令》最妙，定是苏学士之作。"

"果然如此，看这词上所言'溪亭'之处，定是苏学士在密州时所作。"

"那这第二首呢？"

"这首字句间颇有几分仙风道骨,定是仙人吕洞宾所作。"

众学生围在一起,七嘴八舌地讨论着。李迥见此情景,暗自窃笑。

赵明诚也在其中,他一看这两首词就涌起一种似曾相识的感觉。当他回过头,看到李迥的神情,便猜出了七八分,故也含笑不语。

回到太学,赵明诚附到李迥耳边,小声说道:"此稿笔迹几可乱真,实则并非苏学士真迹,依我看,定是一女诗豪所作!"

李迥对赵明诚笑了笑,算是默认了赵明诚的猜测。他内心感叹赵明诚之才,又为堂妹的这一番妙计有了回音而窃喜。

回到叔父家中,李迥当着李格非和李清照的面,将太学之事一一转述,并着重说了赵明诚"恰巧"拾到锦囊,并对他耳语一番的事情。

李清照听了,内心又羞又喜,脸上顿时泛起微红。"没想到他与我当真是知音,但他这番猜测又似比知音更深,莫不是……"她不敢再想下去,只觉得全身似有一股暖流,才下脑海又入心头。

一时间,她心里、脑海里全都是大相国寺那情意绵绵的一眼,花园里那翩然清俊的身姿,种种情景都令她感到心动神移。

再说赵明诚自从看到了李清照的诗词,读懂了那一字一句间的情意,心里也如同尝了蜜般香甜。他回到家中,思前想后,时忧时喜。

"我与她这般才子佳人,又如此心有灵犀,这般良配若不早日成就,恐怕青春短暂,错过会遗憾终生啊!

"可是,婚姻自古为父母之命,媒妁之言,我又如何亲自实现这段良配呢?若直接言说,怕事情不但不成,反而让爹爹疑心清照为人,这岂不是有辱她的清白之身?"

想到这里,赵明诚眉头紧蹙,不知该如何是好。就这样苦思了好几天,他终于想出了一个足可说服他父亲的"高招"。正是这个"高招",引出了当时盛传汴京的父子对话。

# 第二篇
## 曲折坎坷的新婚生活

# 第三章　新婚燕尔时

## "词女之夫"，悠悠相思梦

> **庆清朝·禁幄低张**
>
> 禁幄低张，彤阑巧护，就中独占残春。
> 容华淡伫，绰约俱见天真。
> 待得群花过后，一番风露晓妆新。
> 妖娆艳态，妒风笑月，长殢东君。
>
> 东城边，南陌上，正日烘池馆，竞走香轮。
> 绮筵散日，谁人可继芳尘。
> 更好明光宫殿，几枝先近日边匀。
> 金尊倒，拚了尽烛，不管黄昏。

"窈窕淑女，君子好逑。"赵明诚为了求娶他的心上之人李清照，想到了什么"高招"呢？

这时，正值赵挺之奉命出使辽国。他不辱使命，争得国朝尊严，皇帝为此特意嘉奖了他。因此，这段时间，赵挺之心情甚好。赵明诚见此，便想趁机向父亲提起此事。

赵挺之见他过来，问道："近来你的功课可否繁重，身体可否健康无虞?"

"课业之事不敢劳爹爹挂心,尚得好评。只是行冠礼之后,不知为何夜不能寐,今日昼寝,还梦到我背诵了一本书。醒来,只记得书中三句话。为此思索整日,始终不能解惑。"赵明诚故作困惑,低声说道。

"还有此等异事,不妨说来听听,或可解惑。"赵挺之见他困惑,忙答道。

赵明诚心下窃喜,但作正色说道:"这三句是'言与司合,安上已脱,芝芙草拔'。"说完,他抬头看了父亲一眼,又低下头去。

赵挺之听完,略微思忖,便知他的心思。"'词女之夫',我儿这是到了婚配的年纪,还是思慕李家才女了呀!"然赵挺之虽已想到,却不想直接拆穿赵明诚的"高招",只佯装不知情,说道:"让为父仔细想想,'言与司合',当是'词'字;'安上已脱',当是'女'字;'芝芙草拔',当是'之夫'二字。如此想来,梦中所指当为'词女之夫',这又是何意呢?"

赵明诚喜悦之情渐显,附和道:"爹爹聪颖万分,定知我心思,倒是小儿愚笨,还请爹爹指教一二。"

赵挺之听了,忍俊不禁,自圆其说道:"依为父看,此梦当为喜兆,预示着我家即将迎娶一位擅长作词的新妇。素闻李家独女李清照文采出众,又恰逢你到了婚配的年纪,你若愿意,为父自当下帖为你求之。"

此刻,赵明诚内心欢喜已经无法掩饰,就连眉梢都含了笑意。他起身向父亲作揖,笑着说道:"爹爹明察秋毫,我的心思难以逃过爹爹的眼睛,还请爹爹屈尊下帖,帮助孩儿求娶佳人。"

赵挺之看着赵明诚的欢喜模样,心中自是愉悦。但想到李格非向来与他政见不合,又颇有几分傲骨,始终不支持变法,因此心中又有几分担忧。但在赵明诚面前他微笑不语,摆手让他退下。

不久,赵挺之就向李家下了婚帖,而且免去了不少繁文缛节。李格非生性洒脱,这一举动正合了他的心意。虽然他也想到,在官场上,赵挺之与他分属两派,但是看到李清照高兴的模样,又不忍心因此断送女儿的良缘。因此,思虑再三,他还是答应了这门亲事。

至于李清照,更不必说。她和赵明诚二人惺惺相惜,自是不在意这些繁杂的礼节。加之,她从来帖中进一步了解了赵明诚的家世,赵家与李家不仅门当户对,且原籍都在京东东路,赵家在密州,李家在章丘,两家近在咫尺。这更让李清照倍感亲切,犹如"福至心灵",因此情不自禁地含笑看着婚帖。

李格非看着李清照脸上止不住的笑意,内心也为女儿欣喜:"这下你得偿所愿,怕是迫不及待与良人相见、相守,不顾为父了呀!"

"爹爹,才没有,我更愿永远不嫁人,一直陪在爹爹身边。"李清照拉着李格非的胳膊,依旧笑意盈盈。

李格非看着女儿高兴的模样,不由得摇头叹息。心想:"但愿此良人能一生爱护她,让她可以一世无忧,这样我的心愿才能得偿呀!"

这时的李格非哪里知道,这段所谓的良缘并没有持续太久。一场"暴风雨"正蓄势待发,即将席卷李家,并且开启李清照颠沛流离的人生。

而被父亲的温情、新婚的喜悦包裹着的李清照也无法得知,从她迈进赵家家门的那一刻开始,命运似乎就开始有意捉弄她。所谓的良人,所谓的岁月静好,将随着时光匆匆逝去。而她也被流年慢慢打磨成另一番模样。

后来的她,回想起这时的新婚之喜,回想起父亲温暖的怀抱,便无语凝噎,只悲叹一句"物是人非事事休",道尽了半生凄凉,也写尽了对未出阁时的生活的无限怀念和眷恋。若是人生有重启键,大概李清照会借口两家的官场关系，拒绝这门亲事。或许这样，她的父亲就不会被流放，她的未来也许会充满此刻温情脉脉的家人团聚之景。

## 新婚之乐，"共赏金尊沉绿蚁"

> **渔家傲·雪里已知春信至**
>
> 雪里已知春信至，寒梅点缀琼枝腻。
> 香脸半开娇旖旎，当庭际，玉人浴出新妆洗。
>
> 造化可能偏有意，故教明月玲珑地。
> 共赏金尊沉绿蚁，莫辞醉，此花不与群花比。

建中靖国元年（1101），十八岁的李清照和二十一岁的赵明诚这对天作之合结为伉俪。婚后，他们二人度过了一段平淡而幸福的时光。

这时，李格非为礼部员外郎，赵挺之为吏部侍郎，两家都为官宦之家。如今两家联姻，一对才子佳人喜结良缘，大街小巷都艳羡这段"天赐"良缘。

赵明诚此时还是太学学生，因此婚后依旧要恪守太学规则，平时住在太学内，只有每个月的初一、十五才能请假回家与李清照团聚。

然而，仅两日的短暂相聚，这对新婚夫妇也如同蜜糖般甜蜜。

春日，踏春游行，共赏春色；夏日，静听雨声，静待莲花绽；秋日，笑看叶落，同闻萧萧风鸣；冬日，共赏红梅，"共饮金尊沉绿蚁"。

这日，赵明诚请假回家。半路上，他步行至汴京最大的庙宇——大相国寺，也就是他和李清照的定情之地。这里设有万姓交易、货物齐全的大市场,大殿后的资圣门前,还有很多买卖书籍、字画、古玩的店铺。

赵明诚十分喜爱收藏字画,因此每次回家都要在此处逗留许久,认真挑选心仪的金石书画。不知不觉间,已过半晌。

"糟了,今日乃是与娘子团聚之日,竟然在此耗费半日。"赵明诚懊悔不已,立刻带着买到的金石书画向家中走去。

半路中,他似乎又想到了什么,猛地拍了一下自己的脑袋,自言自语道:"如今我已是有妻室之人,做事怎么还总是只顾自己呢?"

说着,他又返回市场,来到吃食店铺,给李清照买了一些新鲜的果品。之后,满心欢喜地抱着果品和字画走回家。

还未进门,他远远就瞧见李清照在门口张望,顿时内心情意涌动。他笑着走进来,唤着"娘子",二人会心一笑,直觉得天地间只剩下他们两个人。

一番寒暄之后,赵明诚拿出给她买的果品和金石书画。两人一边细细观看每一件金石书画,一边品尝甜甜的水果,嘴里和心里都是甜蜜。

"郎君,此次归家,除了果品、字画,就再无其他东西相送吗?"李清照故作愠怒,质问赵明诚。

"待我思索一番,所有东西都带了回来,似乎别无他物了。"赵明诚也故作痴呆状,假意不懂李清照的心思。

李清照却信以为真,只"哼"一声,随即放下手中字画、果品,自顾自走到床边,不再理会赵明诚。

赵明诚见此状,知晓玩笑太过,含笑把李清照拉到梳妆台前。然后,如同变戏法般,从身后变出一枝含苞待放的木兰,粉嫩夺目,煞是明艳。"娘子上次叮嘱过的事,我岂敢忘记。"赵明诚含笑低语。

原来,上次回家,赵明诚问李清照可有什么想要的。李清照只说:

"金玉珠钗非我所喜,只贪恋春光里的木兰。"

于是,赵明诚早在回来的路上就买了一枝木兰,上面还带着点点露水,犹如带着泪痕的晚霞。随后,他将这枝木兰藏在衣袖里。回到家中,他故意逗弄了李清照一番,才将此花小心翼翼地从衣袖中拿出来。

李清照见此,心中悸动。"郎君此举,当是把我一言一语放在心里。"想着,她转嗔为喜,笑声充盈了整个屋子。

赵明诚扶着她坐到梳妆台前,亲手把木兰插到她的云鬓中。望着铜镜中若月的容颜,赵明诚在李清照耳边低语:"甚是好看!"

李清照耳垂瞬间红透,慌了心神,却故作镇定回问:"郎君是说花好看,还是我好看?"

赵明诚走到李清照面前,双眸含着无限情意,道:"娘子容颜自是花中一流,百花见之也倾心。"

李清照耳上的红晕直洇到脸颊,一阵烧灼感直抵心扉,久久不能散去。她低声回应了一句:"郎君,甚是爱戏弄我。"随即站起身来,走到书桌前,含笑不语。

殊不知,她这一举动令赵明诚心绪紊乱。李清照见此,便岔开话来,道:"郎君赠我木兰,我无物以回,不如赋词一首,赠予郎君。"然后,提笔写下:

### 减字木兰花·卖花担上

卖花担上,买得一枝春欲放。
泪染轻匀,犹带彤霞晓露痕。

怕郎猜道,奴面不如花面好。
云鬓斜簪,徒要教郎比并看。

赵明诚读之，连连叫好，内心直欣慰，有妻如此，此生无憾。

## 知音相伴，"赌书消得泼茶香"

> **浣溪沙·莫许杯深琥珀浓**
>
> 莫许杯深琥珀浓，未成沉醉意先融。
> 疏钟已应晚来风。
>
> 瑞脑香消魂梦断，辟寒金小髻鬟松。
> 醒时空对烛花红。

唐玄宗和杨贵妃两人心心相印，犹如并蒂莲、连理枝，婚后的李清照和赵明诚也是如此。赵明诚喜欢收藏金石书画、赏玩古物，李清照深受他的影响，也对金石书画产生了浓厚的兴趣，婚后经常和赵明诚一起探寻金石书画，并在家中细细赏玩。

这日，他们一起在家中赏玩字画。李清照看着书房里的各种书籍，心生一计。

"郎君，都说你在太学中颇为优秀，腹中诗书无数，不知郎君可敢与小女子比一比？"李清照走到赵明诚面前，双眸明亮，带着几分必胜的语气问道。

这一句话也激起了赵明诚的求胜欲，他爽快地说："一直听闻娘子博古通今，今日就让为夫来会会汴京第一才女吧！只是不知，娘子想要比什么呢？"

李清照抿嘴一笑，指着书房的书籍说道："我们二人随意说一件事、一首诗、一个东西，让对方来答这件事物在哪本书、哪一卷、哪一页、哪一行,谁说得准就举杯饮茶为乐,可好?"

"就依娘子所言!还请娘子先出题。"赵明诚听完,跃跃欲试,催促李清照开始游戏。

李清照略思索片刻,随即出了一题:"蝴蝶儿,晚春时。"赵明诚回忆起这似是《花间集》中的一首小词,其作者为张泌,但是其诗词辑录在此书中的极少,具体出自哪一卷、哪一页,他已经记不太清了。他只在内心暗暗叹此题刁钻异常,但表面神色却装作镇定自若。

李清照见赵明诚皱了一下眉,又立刻舒展开来,心中窃喜,默默走到书桌前准备给自己倒茶。

赵明诚见了,神情中多了一丝紧张,又绞尽脑汁想了片刻。终于,在李清照刚要端起茶杯时,他想了起来,得意地说出了答案:"这题岂会难倒我,这是张泌的词《蝴蝶儿》,在《花间集》的第五卷第……"

李清照听了,轻叹一声:"哎,看来郎君才名果然不虚,这杯茶小女子是喝不到了。那就请郎君出题吧!"

赵明诚见此,眉梢微扬,开始出题。如此下来,二人猜了片刻,竟不相上下。一时之间,二人都没有机会喝上一口茶。李清照见此,出的题越来越刁钻,赵明诚回答得也越来越吃力。

眼看黄昏将至,李清照转头看到窗外的连理枝,又生一计。她问赵明诚:"'谁教并蒂连枝摘,醉后明皇倚太真。'请教郎君,这句话出自何处?"

赵明诚苦思良久,迟迟答不上来。李清照暗喜,想着猜了这么久,终于可以喝一口茶了。于是,她举起茶杯,轻嗅着淡淡茶香,慢慢品尝。

赵明诚绞尽脑汁也想不出来,只好叹息道:"哎,还是娘子博学多才,在下甘拜下风。"说着,故作惋惜之态,向李清照作揖。

李清照被这一举动逗笑,忍俊不禁,刚喝下去的茶水也喷了出来,浸湿了书桌上的书籍。赵明诚看见这情景,也顾不得胜负之分,笑弯了腰。

"郎君再笑,这些书籍可抢救不回来了。"李清照一边笑着,一边拿起被茶水浸湿的书籍。

"这又何妨,能博娘子一笑是这些书籍的福分,哈哈哈……"虽是这样说,赵明诚还是赶紧走过来,和李清照一起将浸湿的书籍拿到屋外晾晒。

"娘子,为夫都帮你晒书了,可否告诉为夫,刚才那一题,究竟是哪本书籍上的,好让为夫解开疑惑呀!"赵明诚又思索起方才的题目,一边晒书,一边央求李清照解答。

"这题颇为玄妙,解答尚要费一番心思,只可惜刚才的茶未喝完,我的思绪也被打断了,一时竟想不起来了。"她见赵明诚急切地想要知道答案,故意作出疲累之态,想要戏弄赵明诚一番。

"好,好,好,为夫这就给娘子再沏一杯茶,以续娘子方才之思。"赵明诚怎么会看不出她的心思,无奈,他迫切地想知道答案,所以只由得她任性。少顷,赵明诚便端来一杯茶,又是作揖请她用茶。

李清照故作淡定,接过茶来,细细品尝。只过了一刻,她才优哉游哉地说道:"郎君所沏之茶果然醇香。"

赵明诚无奈地摇头说道:"多谢娘子夸奖,现在只待娘子赏光赐教,小生不胜感激呀!"

她不禁狡黠一笑,轻轻将赵明诚拉到身旁,附耳道:"这首词出自你的小娘子我之手,乃是方才即兴所作,还未成书。"说完,她一边笑着一边跑进书房。

赵明诚听了哭笑不得。气的是他一番好生伺候,却被李清照故意戏耍;惊的是他听闻此句,一直思忖是哪位名家所作,如此清俊优美,却不承想作者竟是枕边人,因而惊讶李清照的才学竟如此出众,不由心生敬佩。

无论如何,赵明诚都想不到,李清照的才学不止于此。她之后的名作更是数不胜数,惊艳了天下人,乃至千百年后的世人。

## 绮陌游赏,看尽汴京风光

**鹧鸪天·桂花**

暗淡轻黄体性柔,情疏迹远只香留。
何须浅碧轻红色,自是花中第一流。

梅定妒,菊应羞,画阑开处冠中秋。
骚人可煞无情思,何事当年不见收。

李清照出嫁的前一年,宋徽宗赵佶登基。宋徽宗作为工笔花鸟画家,极爱山水,喜欢游赏园林。恰逢洛阳多园林,宋徽宗便时常乘兴出游。一时间,汴京城内游赏之风盛行。

这对于李清照来说无疑是件乐事。她从小在明水镇长大,过着无拘无束的生活。然而,自从来到汴京之后,就被封建礼教束缚,甚少能出行游玩。赵明诚深知像她这样才高八斗的女子不应被束缚在闺阁之中,于是自从婚后就一直策划出游,以博取她的欢心。

成婚将近一年,李清照逐渐厌倦了枯燥的生活。这日,她照常起床,看着园中再熟悉不过的景色,心中凭空生出许多幽怨。赵明诚看出了她的心思,走上前来,说道:"园中景色再好终是旧时颜色,不知娘子可否有情致随为夫出游,共赏汴京风光,看尽这盛世繁华?"

她原本黯淡的双眸忽然明亮了起来,身子未动,心却已经飞了出去。"郎君此话当真?"她欣喜回问。

"为夫自不会诓骗娘子,更何况娘子如此才学,应当流连于这盛世繁华,而不应拘束于这一方闺阁中。"赵明诚怜爱地看着她,说道。

李清照听了很是感动,内心想着,赵明诚果真是她这一生的良人、亲密无间的知音,她当初没有看错。

如此想着,她双眼不禁泛红,转头笑着说道:"郎君此番心意,我深受感动,自然愿意与夫同游,共赏汴京盛景。"

翌日,正好是他们二人成婚一周年的日子。而在纪念日前夕,赵明诚就带着她乘轿出门,在汴京园林中到处游赏。

恰逢大相国寺开放,二人下车步行于繁华街市上,看着琳琅满目的商品,听着嘈杂的叫卖声,心中不约而同想起婚前初遇的场景。

"郎君可曾记得元宵佳节,你我大相国寺初见之时?"她转过头,望着赵明诚问道。

"怎会忘记,当日初见娘子,回眸一笑,倾国倾城,只看一眼便心神荡漾,难以自持。"赵明诚回想起当时的情景,心中又生出一阵悸动。此刻,牵着她的手,赵明诚只庆幸自己抱得佳人归。

与此同时,她也回想起那夜赵明诚炽热的目光,不觉又脸色泛红。转念一想,如今她已经嫁给自己的如意郎君,不觉失笑。

游玩片刻,他们买了许多金石书画。赵明诚在车上不停地把玩着每一件"珍宝",爱不释手。

"郎君这是陷到字画里面了,唉!佳人在侧也抵不过其中一幅字画呀!"她佯装生气,还像模像样地叹了一口气。

赵明诚见四下无人,急忙丢下字画,轻轻刮了一下她的鼻子,然后将她揽入怀中,亲昵地在她耳边说道:"娘子此言差矣,这世间除了娘子再无他物可以让我失了心神、魂不守舍了。"

她侧耳听着赵明诚的情话,耳朵渐渐热了起来,层层红晕直洇至脸颊。

次日，赵明诚又陪伴她游览了洛阳的众多名园。

"早就听说岳父曾著有《洛阳名园记》，其中记载无数名园盛景，每一处都描绘得细致异常，别有风趣。想必娘子早已拜读过这一名作，不妨今日与为夫同游这些名园，也好细细体味岳父笔下的名园意趣。"

她听了，只觉得感动异常。早前，她只在赵明诚面前提过一句，想去看看爹爹笔下的风景，不承想赵明诚竟一直将此话放在心上，可见赵明诚待她之心非比寻常。她心中自是欢喜，更无比享受此刻的温情。

于是，在赵明诚的陪同下，她饱览了父亲笔下的名园。一路上，她拜访了外曾祖父的环溪园，游览了园中诸多亭台楼阁。还踏足了一代名相富弼的富郑公园，沉浸在修竹溪水当中，仔细回味李格非游览此处的心境。

还有天王院花园中的牡丹、归仁园中的百花、董氏西园的小桥流水、董氏东园里专供人们载歌载舞的园林、吴氏园里古朴幽雅的古松……只要是李清照想游览的，赵明诚都乐意作陪，只为满足她游览名胜的愿望。

游览之后，她对赵明诚的情意更加浓烈。此后，二人如胶似漆，其恩爱甜蜜不在话下。

然而，当时掉进蜜糖罐子里的李清照并不知道，后来在一场巨大风波之后，赵明诚的情意也逐渐消退，代替的是狠心的割舍和抛弃。

# 第四章　汴京风波起

## 写诗救父，"何况人间父子情"

> **小重山·春到长门春草青**
>
> 春到长门春草青。
> 江梅些子破，未开匀。
> 碧云笼碾玉成尘。
> 留晓梦，惊破一瓯春。
>
> 花影压重门。
> 疏帘铺淡月，好黄昏。
> 二年三度负东君。
> 归来也，著意过今春。

良辰、美景、赏心、乐事，这四者李清照在婚后的一两年内都享受到了。然而，正当她以为此生都可以与赵明诚举案齐眉、夫妻同心的时候，一场风波悄然来袭。

先是宫中传来向太后去世的消息，而后朝廷又将用了不久的年号"建中靖国"改为"崇宁"。即使这些改年号的事情对于她和赵明诚来说似乎毫不相关，但是思维敏锐的她还是察觉到一丝异样。

"建中靖国"这个年号对于她和赵明诚来说非同寻常,他们在这几年内互相倾心,顺利结为夫妻。然而,这个年号现在毫无征兆地被改掉,其中定然隐藏着一些朝廷风波。想到李格非如今的官职,她内心更加忐忑不安。

"郎君,你身在太学,定然对国事知晓一二。不知郎君可知,'崇宁'这一年号有何寓意?"惴惴不安了几天,她终于忍不住询问赵明诚。

赵明诚一听此事,目光似有躲闪,他深知此事多半会牵连岳父,因此迟迟没有向她言明。但见今日情形,他知道这件事情躲不过去了。他放下笔墨,轻叹一声,说道:"'崇宁'这一年号寓意为崇尚先皇宋神宗于'熙宁'年间任用新派人物、锐意变法的政绩。"

她听闻此言,面上失色,怔怔后退了一步。李格非师从苏轼,一直认同苏学士的思想,更好几次为苏学士进言,而苏学士正是"元祐党人"的代表之一。如今苏学士已经去世,李格非身为"元祐党人",又怎能摆脱其中干系?她慌了心神,不敢再想下去了。

"这事如今还没有定论,今上的态度也不甚明朗,或许也牵扯不到岳父,娘子不必太过忧心。"赵明诚口中如此说,但终究心里没有太多底气。

其实,赵明诚内心是敬重苏学士一行人的,再加之他极其喜爱苏学士的字画文章,早年间更是淘了不少苏学士的诗文书法。

不过,他的父亲赵挺之与苏轼、黄庭坚等人似有不共戴天之仇,每每谈及这些人其父都会大发雷霆。因此,当赵挺之看到赵明诚收藏的他们的诗文书法时,差点儿将赵明诚逐出赵家。最后,还是赵明诚的二位兄长再三求情,才保住他的赵家三公子身份。

果不其然,崇宁元年(1102),宋徽宗派人收集反对新法的大臣的姓名,李清照的父亲李格非被列为元祐党籍。同年九月,宋徽宗亲自将一百二十个"元祐党人"的姓名刻在石头上，将其称为"元祐党籍碑"，并下令名字在元祐党籍碑上的人一律"永不录用"，其子孙不能留在京师，不能参加科考。

李清照得到消息后心急如焚，整日寝食难安，为父亲的事情发愁担忧。

赵明诚看到李清照心急如焚的模样，自是心疼，更想伸出援助之手。但是，他想到父亲的态度，不敢冒险求情。他更害怕惹怒父亲，这样不但救不了岳父，还会破坏他与李清照这段来之不易的姻缘。

李清照头脑聪慧、心思缜密，又如何看不透赵明诚的想法。她知道赵挺之为人固执，对赵明诚更是严苛，此事由赵明诚出面恐怕会弄巧成拙。思虑片刻，她尽力使自己的情绪平稳，温声劝慰赵明诚："我知晓郎君心思，也懂郎君情意，此事若是郎君出面，恐有不妥。妾身不才，或许能试探一二，还请郎君稍稍宽心。"

赵明诚眼中尽是愧疚之色："娘子见谅，是为夫无能，不能救岳父于水火之中，反让娘子抛头露面。"

"夫妻本一体，又何须介怀。"李清照眼眸低垂。

为了救助父亲，李清照整整思索了两日。倘若她是男儿身，此事或许容易很多。而她一介小女子，又该如何求助于君舅赵挺之呢？慌乱中，她偶然看到两句诗："眼看白璧埋黄壤，何况人间父子情"，便灵机一动，想到君舅一直欣赏自己的文采，何不把自己与父亲的深情写成诗，令君舅为之动情呢？

她本就才思敏捷，加之有感而发，落笔就把看到的这两句诗嵌入自己的诗句中，写成了一首感人至深的七言排律。整首诗诗艺精湛，当属上乘之作。就连她自己读来，都不觉泪流满面。

读毕，她立刻将这首诗转交给君舅赵挺之。虽然赵挺之一直与李格非政见不合，但是他看赵明诚心悦李清照，当时还是屈尊向李家下了婚帖。如今，李格非有难，李清照所作之诗极尽父女深情，读过的人无一不深表哀怜。

如此想着，李清照自认为赵挺之不会置李格非于不顾。然而，李清照终究看错了赵挺之的为人。在这件事情上，赵挺之的做法让李清照彻底寒了心。

## 薄情人家，"炙手可热心可寒"

### 多丽·咏白菊

小楼寒，夜长帘幕低垂。
恨萧萧、无情风雨，夜来揉损琼肌。
也不似、贵妃醉脸，也不似、孙寿愁眉。
韩令偷香，徐娘傅粉，莫将比拟未新奇。
细看取、屈平陶令，风韵正相宜。
微风起，清芬酝藉，不减酴醾。

渐秋阑、雪清玉瘦，向人无限依依。
似愁凝、汉皋解佩，似泪洒、纨扇题诗。
朗月清风，浓烟暗雨，天教憔悴度芳姿。
纵爱惜、不知从此，留得几多时？
人情好，何须更忆，泽畔东篱。

起初，李清照坚定不移地认为君舅并非薄情之人，看在她与赵明诚有这段姻缘的份上，也不会置她的父亲于不顾。但是，她等了一天、两天，始终没有得到赵挺之的回应，心渐渐冷了下来。

不过，这并不是最令人心寒的事情。没过多久，赵挺之竟连升三级，与蔡京一起成为左右宰相。这时，在位高权重的赵挺之眼中，李清照这首饱含深情的诗只是会拉他下马的来自"元祐党人"的信件，他又怎能理会。

不仅如此，他还把赵明诚叫到书房，嘱咐了一番："我自知你和李清照二人情意浓重，无法割舍。为父同样欣赏李清照才学。但国事大于家事，万万不能被儿女情长所累。你自幼聪颖，应知其中利害。"

赵明诚见赵挺之态度坚决，再无话可说。他想起还在苦等消息的李清照，一时不知道该怎么面对她。

不过，李清照还未见到赵挺之，心已经凉了大半。她早已听闻父亲被外放为京东路提刑，不得在京城任职。不仅如此，连她也要返回原籍。听闻这一消息，再看到君舅接连升官，她心中早已明了，赵挺之不会再帮助李家。

然而，见到赵明诚时，她依旧抱有一丝希望，期盼与她琴瑟和鸣的丈夫可以向其父求情。"郎君，你我伉俪情深，如今或许只有你才能劝动君舅，救我父亲一命，还请郎君感念你我之情，向君舅进言几句，我在此感激不尽。"李清照几欲落泪，哽咽说道。

赵明诚见此状，着实心疼，不忍妻子如此，但他也别无他法，只连连摇头，道："是为夫无用，竟不能说动父亲，害得娘子如此难过，我也于心不忍，但……"话未说完，他只叹息不止。

最后一根"救命稻草"也没了，李清照明白，这次真的完了。身为一介女子，她无法救父，心痛不已。抬眼看着同样无可奈何的丈夫，她不由生出一点悔恨之意。若当初所嫁之人不是赵明诚，而是与父亲志同道合之辈的孩子，是不是现在就不会陷入此种境地？

她长叹一声，泪像断了线的珠子滚落下来。她与赵明诚初结姻缘之时，人人艳羡，都说这是天作之合，绝佳良缘。而今，她家遇难，赵家却扶摇直上，对李家之事视而不见，真是可悲可叹。

她一边流泪，一边凝望着园中的花草景致。明明冬天还没到，园中秋菊正艳，她却觉得心寒如雪。她满脸泪痕，回到屋中，只觉得内心憋闷，似有东西堵在胸口，不能呼吸。

一气之下，她提笔写下："炙手可热心可寒。"然后，将写着这句诗的纸装入信封，转交给了赵挺之。

赵挺之见信，内心虽承认李清照妙笔生花，但更多的却是对李格非和李清照这对父女的不满。他本来就对苏轼及其门墙桃李怀有一腔怨仇，恨不得趁这次事件将元祐大臣，尤其是苏轼相关人等赶尽杀绝。

如今，苏轼已去世，其弟苏辙也被贬谪。而李格非身为苏轼门生兼好友，自然成了赵挺之这等支持变法之人的眼中钉。赵挺之早已欲除元祐党人而后快，此刻更不可能帮助李格非脱离困境。

不仅如此，依照朝廷诏示"宗室不得与元祐奸党子孙为婚姻"，赵家本只算与皇室同姓，并非真正的"宗室"，李清照是有机会可以不返回原籍的。但是，当时赵家的三个儿子都被皇家重用，赵挺之更是身为宰相，皇家很有可能把赵挺之及其后人视为"自家人"。

李清照为人机敏，自是通晓其中关系，也深知自己的命运其实就在皇家是"推"还是"拉"之间。然而，秉性刚愎自用的赵挺之并没有对儿媳和亲家李格非稍加宽容，而是对亲家做出了不近情理之事。

崇宁三年（1104）四月，李清照最担心的事情发生了。朝廷发出诏示："尚书省勘会党人子弟，不问有官无官，并令在外居住，不得擅到阙下。"

李清照听到诏示，已经心如死灰，不抱希望。赵明诚见此，着急万分，整日踱步。好几次，他都想再找父亲求情，至少能留住李清照。

然而，每次走到父亲书房门前，又恐父亲不满，退了回来。

李清照离开汴京的日子越来越近，赵明诚心急如焚。

"娘子，为夫……为夫定会向父亲求情，不让你离去。"赵明诚内心依旧恐惧，但更害怕李清照离去。

李清照看着赵明诚，突然觉得有些可笑。"郎君不用白费力气了，君舅之心坚如磐石，岂会因你转动。"

赵明诚无奈叹息，左右不得主意，只好拂袖离去。他不曾想到，他和李清照这对令人艳羡的才子佳人竟因为此事成了异地鸳鸯、分飞劳燕。

## 返回原籍，"花自飘零水自流"

> **一剪梅·红藕香残玉簟秋**
>
> 红藕香残玉簟秋，轻解罗裳，独上兰舟。
> 云中谁寄锦书来？雁字回时，月满西楼。
>
> 花自飘零水自流，一种相思，两处闲愁。
> 此情无计可消除，才下眉头，却上心头。

赵挺之对待亲家和儿媳的态度一目了然，李清照自知离开汴京已成定局，心如死灰，不再做任何无用功，一心等待离京的日子。

在当时的背景下，被视为"不得擅到阙下"的"奸党"之女的李清照若要"在外居住"，又能去往何处呢？她无计可施，只能选择返回原籍明水镇。

临行前，赵明诚前来相送。

"娘子且宽心,想必此事也是圣上盛怒之举,日后定有转机。再者,我定全力在朝廷有所作为,而后尽快想办法将娘子接回汴京。"

李清照看了一眼赵明诚,欲言又止,最终叹了一口气,上了马车。回程路上,她想到初次进汴京的场景。

当时,有继母王氏陪伴,更有不少下人一路服侍,自是热闹。加之,昔日是为进京与父亲团聚,路上心情自当欢愉,一心盼望与父亲相见,恨不得立刻飞到汴京。还记得王氏一直说她顽皮,没有大家闺秀的模样。她却不在意,一路欢笑,惹得王氏无可奈何。

那时的她虽然年少,但已经到了青春懵懂的年纪,对父亲和王氏想要为她择婿的心思也略知一二。因此,内心也生出许多情思。甚至,也时常遐想汴京男儿都是何等模样,哪一个会成为她的少年郎。

而今,她如此狼狈地离开汴京,倾慕的"少年郎"也离她越来越远。都说身隔万里,心在咫尺,此时她却觉得自己和赵明诚的心也有了几分距离。

车马渐行渐远,她没了来时的明媚心情,只一路低叹:"都说汴京风景好,汴京男儿更是好模样。我却道繁华风景徒有其表,男儿也有薄情郎。"

婢女听了,自是不解,道:"娘子,很快就到明水镇了,娘子是否疲累了?还是再休憩一会儿吧!"

李清照知晓婢女不懂其意,也无心再解释什么,只闭目沉思,不再言语。

快到家时,李清照想到家人,心中的愁苦暂消。于是,她掀开帘子,向家的方向望去。一片莲湖映入眼帘,湖中的莲花早已凋谢,只剩下稀稀疏疏的莲叶互相交错。

她叫马夫停下,独自下了车。看着眼前的风景,她遥想起自己的少女时光。那时的她宛如一个风流少年郎,一有机会就和众多闺友姊妹出游。还记得那次醉酒,大家坐在船上,本是想要回家,却贪恋那股荷香,故意在湖中兜兜转转,不肯回家。

但现在,那些闺友都各自嫁人,姊妹也陆续成家,只留她一人。作为一个被遣回老家的新妇,李清照孤单万分。

而且此时正值秋日,湖中莲花已经凋谢,幽香也早已消散,全然没有往日之景。李清照一眼望去,全是萧瑟之景,心中悲凉之感又添了几分。她想到继母王氏和家人的惦念,转头想要上车回家。忽然,她看到湖中的那条小船,似乎是那日她乘坐过的,心中又生出怀念之情。带着儿时的记忆,她叹了一口气,独自登上小船。

仰头望着天空,她的心思随着白云越飘越远。不知父亲近来可好,可否受了很多苦?不知郎君此刻在干什么,是否也和她一样,被相思缠绕?想着想着,她在小船上迷迷糊糊地睡着了。

"清照,快来呀,这儿有好多荷花。"

"这酒甚是香醇,再加上如此美景,我们何不在此处一醉方休?"

"清照,天色已晚,早些回家吧,别让爹爹挂心。"

"嘎——嘎——"一阵大雁叫声惊醒了她。她猛地坐了起来,小船摇晃,在水中激起一圈圈涟漪。月光洒下,湖里倒映着小船的影子。回想起梦中的场景,闺友不断呼唤自己赏莲、饮酒,她不由得笑出声来。转念又想起梦中父亲的叮嘱,神情又黯淡下来。

一阵秋风吹过,她不禁打了一个寒战。之后,划船到岸边,登上马车回家。

继母王氏、小弟和二位伯母等人早已在门口张望。看到他们,李清照心中稍安。

"今日已经不早了,快歇下吧。"王氏拉着清照回到卧房,缓声说着。

李清照行了几日的路,也已疲累,低声答应。回到卧房,她倚窗凝望圆月，相思之情如乱麻缠绕，怎么都理不清。她走到书桌前，挥笔写下一首《一剪梅·红藕香残玉簟秋》：

红藕香残玉簟秋，轻解罗裳，独上兰舟。云中谁寄锦书来？雁字回时，月满西楼。　　花自飘零水自流，一种相思，两处闲愁。此情无计可消除，才下眉头，却上心头。

读毕，不觉泪流。李清照和衣躺在床上，任由泪水浸透枕头。一夜无言，只有浓浓离愁和相思作陪。

## 花落水流，"人比黄花瘦"

> **醉花阴·薄雾浓云愁永昼**
>
> 薄雾浓云愁永昼，瑞脑销金兽。
> 佳节又重阳，玉枕纱厨，半夜凉初透。
>
> 东篱把酒黄昏后，有暗香盈袖。
> 莫道不销魂，帘卷西风，人比黄花瘦。

自返回家中，尽管有家人的陪伴，但李清照心中的烦闷却无消退之意，反而更甚几分，直至日日茶饭不思，夜不能寐，人也一天比一天消瘦。王氏和二位伯母焦急万分，却也无计可施。

为了替她分忧解闷，王氏找人将庭院中的几眼清泉重新修葺了一番，尤其是她最喜爱的那一汪清泉，还特意栽种了四时花木。

果不其然，李清照见了甚是喜欢。她依稀记得小时候，父亲总是抱着她在这眼清泉边吟诵诗词,并耐心教她写字。

"爹爹,这汪清泉可有名字?"

"未有,不过你可以亲自为其取名。"

"我近日读《世说新语》,其中有一则故事,说孙子荆年少时欲隐,语王武子曰'当枕石漱流',误曰'漱石枕流'。王曰'流可枕,石可漱乎?'孙曰'所以枕流,欲洗其耳;所以漱石,欲砺其齿'。"

"孩儿良苦用心,用隐士自比,是在劝为父顺其自然,不必强求么?"

"知我者莫若爹爹也。爹爹,就将这眼清泉叫作'漱玉'可好?"

"好好好,孩儿所取之名固然绝佳。"

儿时的情景一幕幕浮现,恍然之间,她觉得自己未曾嫁人,父亲也未曾外放,一直在家中陪伴她。

此后,她日日在漱玉泉边梳妆、读书,心情也慢慢好了很多。

不久,一年一度的重阳节到了。王氏为了增添节日气氛,一大早就和二位伯母忙着准备酒馔。

午时,李清照和家人一起坐在漱玉泉边,共享佳节珍馐,场面非常热闹。饭毕,王氏将饭菜撤去。

李清照似乎意犹未尽,留了一壶清酒,在泉边独饮。忽然,一阵寒风吹过,刚才的热闹气氛全无,只剩下一片凄凉。她看着清冷的院落,不由得生出悲伤之感。

"世间离合全无规律,一时热闹总会散去。"她端着酒杯,独自呢喃着伤感之语。直到黄昏时刻,晚霞染透半边天空,秋菊在寒风中摇曳,她才感觉到一阵阵寒意袭来。

她摇了摇酒壶,里面已经空了,这才起身回到卧房。走到书桌前,她提笔写下一首极尽悲凉的重阳词《醉花阴·薄雾浓云愁永昼》:

薄雾浓云愁永昼，瑞脑销金兽。佳节又重阳，玉枕纱厨，半夜凉初透。　东篱把酒黄昏后，有暗香盈袖。莫道不销魂，帘卷西风，人比黄花瘦。

第二天，她将这首词寄给丈夫赵明诚。

赵明诚收到这封信后，读毕，一时间愧疚、难过、无奈、相思等各种感觉交织而来，不禁泪流满面。他无时无刻不希望能和妻子早日团聚，却又悲叹自己没有办法破解这一困局。为了表达他的情意，他决定提笔给妻子回信。整整写了三天，他作了五十多首词。

写完之后，他把这些词连同李清照的词一同拿给好友陆德夫品读。然而，陆德夫品读之后，告诉赵明诚，这些作品里面，只有三句非常精妙。赵明诚追问是哪三句，陆德夫告诉他："莫道不销魂，帘卷西风，人比黄花瘦。"

作为千古第一才女，李清照的心思远比常人细腻、敏感，也正是这份细腻和敏感使她对这个世界有更加深刻的理解和认识，从而创作出流传千古的词作。

# 第五章　夫妻再团聚

## 风雨不定，"想离情、别恨难穷"

> **行香子·七夕**
>
> 草际鸣蛩，惊落梧桐，正人间、天上愁浓。
> 云阶月地，关锁千重。
> 纵浮槎来，浮槎去，不相逢。
>
> 星桥鹊驾，经年才见，想离情、别恨难穷。
> 牵牛织女，莫是离中。
> 甚霎儿晴，霎儿雨，霎儿风。

七夕期间的天气就像娃娃的脸，总是一会儿晴，一会儿雨。而李清照婚后不久，崇宁年间的政治风云也如同天气一样，变幻莫测，不可捉摸。

早在高太后主政的元祐初期，朝廷上的争斗就已经如火如荼。当时的苏轼连升三级，位高时还曾以"聚敛小人，学行无取"评价赵挺之，毫不掩饰地讽刺赵挺之不配选入馆职做名流。当时，赵挺之等极力主张变法之人几乎全被压制。

然而，在元祐党人一蹶不振的时候，朝廷的争斗又变成了宋徽宗赵佶青睐的人物之间的较量。而较量的结果就是，政要的频繁更迭以及走马灯似的官吏升降。结局是明是暗，全在于当权者如何衡量。

而李清照的命运就如同秋千，始终被党争所左右。党争加剧，她和李家就会一起遭殃；党争稍缓，她就有可能回到御赐府司巷的赵相府邸。李清照深知这一层，所以当她知道元祐党人事件稍缓之时，并不因自己有望回到汴京与赵明诚团聚而欣喜，而是产生了浓浓的担忧，害怕绝处逢生之后，又堕入黑暗的深渊。

怀揣着这种担忧，她整日闷闷不乐，无心游赏玩乐。

"不日就是乞巧节，尚记得你五岁时的乞巧节，一家人围坐，饮酒吃巧饼，好不欢乐。今年不妨你来操持，亲自'种生'，制作巧饼，岂不别有一番意趣？"继母王氏知晓她内心烦闷，故意将准备过乞巧节之事交给她。

她何尝不知王氏只为替她疏解心结的心意。为了宽慰王氏，她点头答应。

距离乞巧节还有十天时，李清照就把新鲜的绿豆用清水浸泡半天，然后将绿豆均匀地摆放在盘碟中，日日喷洒清水，悉心照料。

到了乞巧节这天，绿豆已经长出葱心儿绿的豆芽，足有三寸高，鲜嫩清香。李清照欣喜不已，小心翼翼地将豆芽放在乞巧彩棚内，当作供品。

之后，她又亲自下厨，精心制作了巧饼，每个都似盛开的花朵，精致玲珑，香甜异常。王氏和二位伯母见了，直夸赞她的手艺非凡。

到了晚上，众人共同饮宴。宴毕，王氏见她神色依旧不好，便劝她去街上走走："今日乞巧节，街上格外热闹，不妨外出游赏。"

李清照强行提起精神，走到街上。只见闺友、姊妹两三结伴，到处游赏，甚是开心。热闹的街景与往年相同，但是李清照的心情却无法像先前那般欢快。

"母亲,她们为何都在葡萄架下坐着?"

"因为今天是牛郎和织女一年一会的日子,在葡萄架下可以听到他们的声音呢!"

"果真如此?我也去听一听!"

一个活泼女子撒开拉着母亲的手,向葡萄架跑去。

李清照见了,不禁发笑。儿时,她也像这个女子一般,坐在庭院里的葡萄架下,只为了听牛郎和织女的私语。可是,等了半夜,她什么都没有听见,反而迷迷糊糊地在母亲怀里睡着了,最后还是父亲轻手轻脚地把她抱回了卧房。

长大之后,她才知道这只不过是一个传说,牛郎和织女都是虚幻的人物,世人又怎能听见他们的声音呢?

"唉……"想到这里,她重重叹了一口气。

"娘子,怎么了?可是累了?"身边的婢女听了,忙问道。

"无妨,只是想起往昔种种,有些怀念而已。我有些乏了,咱们回吧!"逛了这一遭,李清照心结未解,反而增添了几丝愁意。

她前几日偶然听闻元祐党人之事似有缓和,她或会回京与夫团聚。当时还感觉有几分喜悦,可后来细细想来,朝廷争斗岂是一时能休的,她的命运就如同秋千,忽高忽低,不可估测。

今日,她看到乞巧节盛景,又想到牛郎和织女的故事。在天上,织女的祖父权势至高无上,不同意织女和牛郎在一起,便把他们两个生生分离。而她和赵明诚在地上,也因君舅很有权势,却薄情寡义,而使他们这对新婚夫妇两地分居。这天上人间,果真都是愁云浓重,不可消散呀!

"牛郎织女尚可一年一聚,而我又何时才能与郎君团聚呢?"她低头轻语,眼泪止不住淌下。

展开宣纸,她落笔写道:

草际鸣蛩,惊落梧桐,正人间、天上愁浓。云阶月地,关锁千重。纵浮槎来,浮槎去,不相逢。　　星桥鹊驾,经年才见,想离情、别恨难穷。牵牛织女,莫是离中。甚霎儿晴,霎儿雨,霎儿风。

"但愿风雨不定身可定,夫妻团聚不分离。"放下笔墨,她望着窗外的月亮,独自低语着。

## 试探回京,"未必明朝风不起"

**玉楼春·红酥肯放琼苞碎**

红酥肯放琼苞碎,探著南枝开遍未。
不知酝藉几多香,但见包藏无限意。

道人憔悴春窗底,闷损阑干愁不倚。
要来小酌便来休,未必明朝风不起。

近来,朝廷对元祐党人的事情有所放松。而赵挺之却屡屡跟与他同为宰相的蔡京过不去,三番五次揭露蔡京的奸恶,并扬言朝廷之上有蔡京无他,有他无蔡京。如此折腾一番,蔡京仍居高位,赵挺之一气之下辞去官职。

宋徽宗不想失去赵挺之这位重臣,但是也深感无奈,只能同意赵挺之辞去相位。但另一边,宋徽宗又一直旁敲侧击,希望赵挺之重返朝堂。不仅如此,为了安慰赵挺之,宋徽宗还特意将汴京府司巷一处极为阔绰的宅邸赐给他。

不日,赵明诚给李清照写了一封信。

清照吾妻：

　　见信即安。近日父亲辞官，圣上为显宽慰，特赐宅邸一所。想必圣心松动，前日之事尚有转圜余地。吾妻见之，愿心稍安。

　　早在赵明诚写信之前，李格非的旧友便带来消息，告知李清照可以返京。然而，李清照看到赵明诚的书信，话语间全无半点想让她回京之意，一时觉得心寒。

　　"京中托人来信，说前日之事已缓，你回汴京之事不成问题，但近日见你颇为烦愁，可否有回京的打算？"王氏一边走进李清照的卧房，一边说道，抬头却看到她眼眶泛红，似是哭过。

　　"出了何事，可有人欺负你？"王氏忙拉着她问道。

　　"无事，只是思念爹爹，不知爹爹近来可好。"李清照忙拭去泪痕，掩饰道。

　　"想来定是无恙，况且前些日子来信，也说安好，不必挂心。若思念太过，不妨回有竹堂，以解相思。"王氏转眼看到书桌上的书信，猜到女儿的心思。

　　"也好，不知闺楼前的那株红梅如何了。"李清照望向汴京方向，轻声说着。

　　过了几日，李清照和继母王氏试探着回到汴京。但是，她不敢冒昧进入御赐的赵氏府邸，便先到经衢之西的娘家宅邸"有竹堂"。

　　一到有竹堂，她便迫不及待地走到她的闺楼前，去"探望"那株她心心念念的红梅。

　　还记得儿时，明水镇也曾有红梅，她清晨醒来时总会先折一枝红梅，然后跑进书房，赠予父亲。后来，明水镇的红梅渐渐消失了，她每年都念叨着："若是再见一见红梅的芳姿就好了。"

　　因此，她一到汴京，父亲就将一株红梅作为礼物送给她。她甚是欢喜,立刻将这株红梅栽到闺楼向阳的地方。

此后,红梅便成了她的"知己",那些难以言说的话她都轻轻诉说给红梅。就这样,红梅渐渐成为与她朝夕相处的朋友。

如今,她看到红梅含苞待放,似乎和她一样有很多话要说。

"想来你也是通灵性之物,知晓我被迫离京,故意收起'笑脸'不肯开放,直到我回来之时才生出花骨朵,作这含苞待放之态。你尚且如此,京中良人却不识我心意,竟无半分怀念之情呀!"

一阵风吹过,红梅迎风摇动,似乎想要离她更近一些。

李清照用手抚摸着红梅,脸上终于有了一丝笑意。

"只盼望冬风亦可温柔,不会吹散这一刻的团聚。"说着,她又叹了一口气,"也罢,万事且看今朝吧。不妨此刻畅饮,这样就算明天寒风凛冽,腹中美酒也可暂暖身体。"

说罢,她命婢女取来青梅酒,随意坐在廊下,对着红梅自斟自饮。直到天色渐暗,她才有些醉意。这时,她看着依旧向她"招摇"的红梅,似乎想与她同饮,又似乎在劝她不要多饮。

于是,她一边抱着酒坛,一边摇摇晃晃地走向卧房。趁着浓浓酒意,她写下了一首《玉楼春·红酥肯放琼苞碎》:

红酥肯放琼苞碎,探著南枝开遍未。不知酝藉几多香,但见包藏无限意。 道人憔悴春窗底,闷损阑干愁不倚。要来小酌便来休,未必明朝风不起。

此时的朝局不定,风云变幻,不知何时风起,她又会受到牵连。与其依靠赵氏,依靠众人,倒不如依靠这株红梅,至少红梅会因她而绽放。如此想着,她又深感无趣。随即扔下笔墨,和衣卧下。

## 魂牵梦萦,"其乐莫可涯"

> ### 晓梦
>
> 晓梦随疏钟,飘然跻云霞。
> 因缘安期生,邂逅萼绿华。
> 秋风正无赖,吹尽玉井花。
> 共看藕如船,同食枣如瓜。
> 翩翩座上客,意妙语亦佳。
> 嘲辞斗诡辩,活火分新茶。
> 虽非助帝功,其乐莫可涯。
> 人生能如此,何必归故家。
> 起来敛衣坐,掩耳厌喧哗。
> 心知不可见,念念犹咨嗟。

崇宁四年(1105)十月,元祐事件得到缓解,李清照终于从党争株连中解脱出来。此时,赵明诚任鸿胪少卿,其长兄赵存诚为卫尉卿。赵明诚见朝局渐稳,方才将李清照接到赵家的御赐府邸。

"娘子此番甚是辛苦,好在如今诸事已定,你我两人终得团圆,实在是一大幸事呀!"赵明诚口中诉说着团聚的喜悦,眼神却一直飘忽不定,似有他物。

李清照本以为能再次见到丈夫,共享夫妻甜蜜生活,自是欢喜。但当她看到赵明诚的表情,却全然不似她想的那样。

于是,她脸上喜色消失,只是淡淡地说道:"是啊,好不容易才团聚,是应该高兴。"

赵明诚看见李清照的脸色,只当她舟车劳顿,身体疲累了。"娘子接连奔波,想必十分疲惫,不如先行休息片刻。"

李清照无话,只是点头答应,随即进了卧房,和衣躺在床上。

"他正是血气方刚的年龄,这次与我分离,自是寂寞难耐。况且男子三妻四妾再正常不过,即使他在分离期间另有所恋,我又何须如此耿耿于怀?"

她长叹一声,翻了个身,又想到:"可是,我和郎君当初一见钟情,婚后更觉得他比知音更甚,整日烹茶、吟诵诗词,可谓两心相悦,情深意浓,为何到头来只有我满腔相思,他却似乎忘却这番情意,留恋他物呢?"

如此想着,她更是心烦意乱,辗转难眠。

到了晚上,用毕晚饭,二人对烛看书,彼此无话。李清照翻看书籍时,突然想到与她的父亲有通家之谊的晁补之和张耒。他们一个是对自己有"说项"之恩的文学前辈,一个是同她诗词唱和的忘年交。此番元祐事件,他二人也有所牵连,不知现在状况如何。

"郎君,我日前返回原籍,并不知道京中境况,郎君可知,我恩师晁补之大人和忘年之交张耒大人眼下如何?"她思索再三,还是因担心问出了口。

赵明诚久在汴京,自是知晓其中内情。然而,此刻面对李清照,他却不敢道出全部实情,害怕她担忧太过。因此,只是支支吾吾,简单说了几句,并一直宽慰她不要太过担心。

虽然赵明诚没有全盘托出,但是从他的言辞中,李清照还是知晓了一二。

直至崇宁五年(1106),朝廷下了两封诏书。

其一:"(正月)庚戌,三省同奉圣旨,依下项收复……"张耒在文臣余官轻第一等,由黄州别驾叙复承议郎,得任便居住。

其二:"三月戊戌,诏:应旧系石刻人,除第三等许到阙外,余并不得到阙下。"而李格非和晁补之当时为第二等,因此并不能从此事中解脱,依旧不能名正言顺地回到汴京。

李清照闻此诏令,心痛不已。犹记得少时,她经常缠着父亲将晁补之和张耒请入家中,共同探讨诗文,别有意趣。父亲见她一度围绕在他们二人膝下,还曾因此生出些许醋意。

"唉,自从你晁叔叔一来,我是备受冷落呀,不如把你送给晁叔叔,让你随他姓好了。"

"好啊,好啊,清照才学非常人可及,自得如此才女,我高兴还来不及。清照,不妨今日就随我归家去吧,哈哈哈哈……"

"能与晁叔叔日日在一起,大有裨益,我自是欢喜,只不过这样一来,李家的醋坛子可就都被爹爹打翻了,哈哈哈……"

她回忆起昔日的种种,不由叹息。今日党争风波未定,故人旧友都不在,父亲也尚在流放之中。一时间,悲从中来,再无心情吟诵诗文,只好吹灯与赵明诚双双歇下。

半梦半醒之中,她竟经历了一番奇妙际遇。

刚刚进入梦乡,她便听得一阵轻悠的晨钟声。尔后,她踏上云霞,一路追寻钟声而去。不到片刻,她就到达了一个云雾缥缈的仙境中。她看着眼前的景色,亦梦亦幻,诧异不已。

正在惊诧间,一位仙人自云安期生,让李清照随他前去。李清照细想,这位仙人莫非就是传说中的千岁翁?据说他长年隐居在东海,食用如西瓜般大的巨枣,还向有缘人卖长生不老药。

她边想边跟着安期生来到仙境深处,只见这里的花草生于半空之中却不凋谢,亭台楼阁浮于云上而不坍塌,自是奇妙至极。走了一会儿,安期生向她引荐了姿容绝佳的得道女仙——萼绿华。

她曾在古籍中读过,萼绿华年二十上下,青衣,颜色绝整。此刻一见,果真不凡,不停叹道"真乃仙人也"。

安期生和萼绿华见到李清照痴绝的模样，皆乐不可支。不待李清照反应，二人便将她带入一个大厅中。大厅中仙乐不绝，更有流水绵绵，莲花尽绽，世俗中的绝美景色也不及其一二。

随后，二位仙人安排她坐下来，一起赏景食枣，吟诵诗文，其乐无穷。一番下来，李清照这段时间的郁结荡然无存，只觉得心旷神怡，精神抖擞，舒畅异常。

正待李清照就仙乐之事请教之时，二位仙人竟忽然消失。她着急之下，赶紧起身寻找。可是，出了大厅，也未见二人。她转头，想要回到大厅，却见大厅也不知道何时消失了。

猛然一惊，她睁开眼睛，看到身旁漆黑一片，依稀分辨出身下卧床，方知原来只是一场梦。

顿时，她心中的惆怅之情喷涌而出。"若一生在此梦境中，无忧无虑，岂不乐哉？"她长叹一口气，"只可惜世俗红尘，凡人皆不可逃脱。"

她看了一眼身旁还在熟睡的赵明诚，不禁摇摇头，独自下了床。走到书桌旁，她又忆起梦中所见所闻，甚是怀念。于是，兀自点了一盏烛火，下笔写得《晓梦》一首，以此感慨仙境无限好，然世俗凡人终不可得。

## 婕妤初叹，"画堂无限深幽"

**满庭芳·小阁藏春**

小阁藏春，闲窗锁昼，画堂无限深幽。
篆香烧尽，日影下帘钩。
手种江梅更好，又何必、临水登楼？

> 无人到，寂寥浑似，何逊在扬州。
>
> 从来知韵胜，难堪雨藉，不耐风柔。
> 更谁家横笛，吹动浓愁？
> 莫恨香消雪减，须信道、扫迹情留。
> 难言处，良宵淡月，疏影尚风流。

自从回到赵家御赐的府邸，赵明诚似乎整日心不在焉。李清照看着他魂不守舍的样子，更加确定了她心中所想。

"你是不知道，偏院的那位姑娘好生温柔，就连和下人说话都柔声细语的。"

"依我看，她八成是故意为之，就是要夺取少爷的心，好让少爷放不下她。"

"嘘，别说了，小心被人听到。"

几个婢女路过李清照的院子，边走边小声地私语着。不料，这一切都被在庭院散心的李清照听了去。有一瞬间，她很想冲出去，赶走这群婢女。但是转念一想，她此次回到赵府颇是不易，而且自她回来，赵挺之每每相见都要冷言冷语一番，似乎她的回归是赵府莫大的耻辱。

其实，她本想与赵明诚诉说这一切，不求赵明诚为她出气，只求能宽慰她一二分。只是，现在看这番情形，她的良人似乎正忙着照顾偏院的"莺莺燕燕"，根本无暇顾及她。因此，心中有再多愁苦，她也只能独自感叹，竟无一人可知。

"娘子，你怎坐在这里？此处风大，近日你身体还未大安，还是赶紧回屋吧！"赵明诚一脸喜色地从院外走进来，见到李清照却立刻换上一副担忧之色。

即使这转变只在一瞬之间，却还是被李清照看在眼里。"这庭院虽小，却可知天下事，我只在此稍坐片刻，便听到了很多话语，甚是有趣，郎君可有兴致一听？"

"肯定又是那些爱嚼舌根的下人不知分寸，平白编出许多是非，娘子不要放在心上，还是养好身体最重要。"赵明诚面上带了几分慌张，忙搀扶着李清照走向屋中。

"也罢，不过我尚有一事。家中来信说爹爹病了多时，我甚是惦念，还请郎君念及相思之情，准我回家探望。"李清照话中似带着几根刺，轻声且冷冰冰地说道。

赵明诚知晓她话中有话，却不想将此事挑明，只说："岳父生病，理当探望，只恨最近诸事繁多，不能与娘子同归，劳烦娘子替为夫慰问一二，聊表心意。"

李清照不语，点头应允。几日后，李清照启程返回家乡，途中听闻父亲的病好了许多，她的心情也舒畅了些。

回到明水后，李清照看到父亲的身影，欲语泪先流。父女二人，相对伤心了半晌。

"好了，回来就好，还是赶紧进屋吧，这一路舟车劳顿，定是疲累了。"王氏急忙打断二人的伤情，拉着这对父女走进饭堂。

李清照就像儿时一样，一直缠着李格非问东问西。王氏见了，也恍然回到了当初的美好时光。"若是一生都在明水镇，过着平平淡淡的日子该有多好。"如此想着，她情不自禁地叹了一口气。

抬眼看到父女二人谈兴大发的样子，她又立刻转为笑脸，道："好啦，好啦，还是先用午餐吧，不然我们家的小才女要饿坏了。"

直到深夜，王氏才劝说她回到卧房。

走进卧房，她看着自己所在的小阁，桌上的盘香，又无端想起赵明诚。

遥想起建安七子之一的王粲在湖北时,曾经"登兹楼以四望",他当时作何感想呢?是怀才不遇的愤懑,还是心系家国的忧戚呢?而我不是男儿身,不用担忧怀才不遇,也没有什么家国之思,为何会有王粲般的心境呢?

这一切都源于"何逊在扬州"。当时陈皇后和卓文君才华何等出众,姻缘何等令人艳羡,然而最终都落得被人厌弃的结局。而现在的我又和她们有什么区别?

当时,人人都道我和赵明诚是天作之合,这段良缘必得善终。而今,昔时思慕的君子已然情归他处,不肯到我身边来。我现在的处境竟与被废居长门宫的陈皇后,以及被司马相如抛弃的卓文君一般无二,心情都是格外孤独、寂寞。

转眼间,她又看到窗前的红梅。"红梅素来以皎洁风雅取胜,却经不住风雨的摧残。不过,临近香消色褪之际,它又随风生出一阵长留不散的香气和情韵,果真别有一番情致。这正如一对曾经沧海的夫妻,虽历经艰难险阻却仍不忘旧情。然而……"

她想到如今自己的枕边人,因为这场元祐事件冷落了她,甚至整日沉迷于"新欢",已然忘记了自己的存在。这种事情竟这样真切地发生在她身上,发生在一代风流才女的身上,真真让她难以启齿。她怕别人取笑,自己也不愿相信这个事实。

此时,心灰意冷的李清照万万想不到,赵明诚的潇洒时光已经所剩无几,而属于他们二人的温情时光也如同回光返照般,给了她无尽的温柔和缱绻。只是,回光返照般的温情绚烂却短暂,他们的幸福时光又能持续多久呢?

# 第六章　青州好时光

## 遭遇暗算，夫妻同返青州

> **丑奴儿·晚来一阵风兼雨**
>
> 晚来一阵风兼雨，洗尽炎光。
> 理罢笙簧，却对菱花淡淡妆。
>
> 绛绡缕薄冰肌莹，雪腻酥香。
> 笑语檀郎，今夜纱厨枕簟凉。

赵家亦不平静，蔡京和赵挺之之间的党争愈演愈烈。面对恶贯满盈的六贼之首蔡京，赵挺之曾在崇宁四年（1105）屡次向圣上陈述其罪行，却始终没有得到结果。蔡京反而因此将赵挺之视为心腹大患，屡次设计陷害赵挺之。

此时的赵挺之年事已高，已经渐渐失去了当初的野心，他唯一的盼望就是膝下的三个儿子能有所成就，建立丰功伟业。于是，他为了躲避蔡京暗算，几次向圣上请求返回青州私邸。宋徽宗虽然不愿意失去这位宰相，却也不能多次阻拦，只好应允赵挺之。

然而，就在赵挺之举家收拾行装，准备返回青州之时，突然天生异象，出现一颗光芒长数丈的彗星。宋徽宗十分震恐，认为这一切与蔡京脱不了干系，因此更不愿让赵挺之返乡。

这日，宋徽宗将赵挺之召进宫里，对他说："蔡京所为，皆如卿言。"言下之意规劝赵挺之留在朝堂。

赵挺之听了，大为感动，又历数蔡京罪行，几欲落泪。宋徽宗想到，数日前，蔡京请辞，天久旱而逢甘霖，这似乎就是"蔡京不可留"的预兆。于是，他下诏令，同意了蔡京辞官的请求，并又复赵挺之为宰相。

此时，赵挺之的三个儿子也相继被任为卫尉卿、秘书少监和鸿胪少卿。赵挺之见这般盛况，本应高兴才是，但他心中却总是惴惴不安，感应到现状只是昙花一现，未来或许还有不可预测的暴风雨。

大观元年（1107），赵挺之还未来得及为赵家筹划好未来，就因为被罢黜官职郁郁而终，年六十八。

在他卒后第三日，赵家的灾难果如他所预料那般袭来。蔡京见赵家失去了"主心骨"，恨不得立刻将赵家斩草除根。于是，他一面派人在赵挺之所在地青州置狱查问，一面命令开封府逮捕赵挺之在京亲属，将其全部置于大牢之中。

赵家一时如山崩，似有分崩离析之态。

"娘子，此番是赵家连累了你，若当初你我未曾成婚，或许你尚可逃脱出去。"狱中，赵明诚面对李清照，愧疚难耐。

"你我夫妻本是一体，岂有大难临头各自飞的道理？更何况君舅生前清廉，执政期间有俸余钱，剩利至微。蔡相污蔑之词并无实据，相信圣上公正，定会还赵家一个公道。"同样身在狱中，李清照也不知前路如何，她的一番话何尝不是在宽慰自己。

或许是赵挺之在天有灵，数日后，赵家的事情出现了转机。蔡京多番为难，却一直搜集不到真凭实据。蔡京不想放过这次铲除异己的机会，愤恨之下，只好一直咬死赵家与元祐党人之女有姻亲，在元祐事件中有包庇之嫌，不可轻易放过。宋徽宗虽然有心宽恕赵家，却不好在元祐事件上出尔反尔，只好下诏让赵家返回青州，其在京官职也被罢免。

赵家经此一劫，众人心灰意冷。离开汴京当日，赵明诚看着御赐的赵相府邸，不禁生出一番感慨。

"想当年，府上赫赫扬扬，汴京城内无人不知赵府。短短几年之内，不想竟遭遇此劫，不知何时赵家才能恢复当日荣光呀！"言及此，悲从中来。

"郎君莫要过分伤心，世间之事本无定数。但想来，郎君多才，赵家定不会就此没落，总有一日会重生光辉的。"李清照扶着赵明诚，内心也是忧虑不断，但见赵明诚灰心丧气，便出言规劝。

一路行来，只觉得满眼凄凉。直到青州，赵家一行人方才觉得心中安定一些。

原来，赵挺之似乎早已料到赵家会有此难，早在青州任职期间，就把青州私邸打点妥当。这处私邸虽然比不上汴京御赐的赵相府邸，倒也别有一番雅致，庭前茂林修竹，庭内一花一草，皆相得益彰，竟有一种世外桃源之感。

其实说起来，赵家的原籍本在密州，后来因为新旧党争之事，诸多事情牵扯其中。赵挺之虽然痛恨苏轼等固守成规，反对变法一党，但也知道世事无定数，因此才早早徙居青州。不承想，赵挺之的这一举动，如今竟让赵家一行人有了安定之处。

接连几日，赵家将青州故居里里外外收拾了一番，得到了暂时的安宁。

"娘子，此番终于安定了下来，只是青州私邸比不得赵相府邸，委屈娘子屈身于此。"这一番风波后，赵明诚看到李清照始终不离不弃，一路上更是对赵家之事毫无怨言，这才懂得"患难见真情"

这一道理，心中更是对之前所做之事感到羞愧。

"郎君何必如此自责，如今你我虽处忧患困穷，但是志不屈，总会有出路。再者，此处清幽，我亦十分欢喜，权当修身养性之所了。"李清照自是不在意身外之物，她今时看到赵明诚回心转意，大有诚心悔改之意，竟暗自有些欣喜。于是，她心中渐渐期望着青州生活能让她和赵明诚的情感状态回到刚刚成婚之时，余生不求富贵，只求平淡安稳。

此后，他们二人将青州隐居之所变成了立志笃学的温馨之所。二人整日一同收集金石书画，钱财不足时，甘愿当掉衣服、首饰，也要购买钟爱的古籍字画，赏玩收藏。

在这样的日子里，李清照感受到赵明诚的无限温情，甚至觉得当下比新婚时的生活更加怡然自得。久而久之，她生出甘愿清贫一生、在此终老的想法。

这时的赵明诚远离朝廷，唯李清照日夜相伴，短时间内倒也觉得其乐无穷。只是，他的心意也同李清照这般坚定、矢志不渝吗？且不说当下，后来的颠沛流离就是赵明诚不甘终生拘于青州这一方天地的真实写照。

可以说，现在李清照所期盼的，便是这段悠闲时光可以再久一点，此时的情感能够再稳定一点。

## "归来堂"中，自称"易安居士"

**浣溪沙·闺情**

绣面芙蓉一笑开，斜飞宝鸭衬香腮。
眼波才动被人猜。

> 一面风情深有韵，半笺娇恨寄幽怀。
> 月移花影约重来。

转瞬之间，赵家从汴京府司巷的御赐宅邸，迁至青州的"寻常百姓家"，其天壤之别让人难以接受。然而，这一变故对于李清照来说，却是因祸得福。

自从住进青州私邸，赵明诚日日陪伴，更有闲情逸致与她一同搜集金石书画，赏玩诗文，夫妻间的乐趣远比在汴京时要多。

闲居之时，李清照想起她所景仰的晁补之被免官回金乡闲居时，曾自号"归来子"，别有一番意趣。在晁补之的《归来子名缗城所居记》中，有"读陶潜《归去来辞》，觉己不似而愿师之，买田故缗城，自谓归来子，庐舍登览游息之地，一户一牖，皆欲致归去来之意"的语句，深得李清照之心，每每读来心向往之。

不久，她就仿照晁补之，给青州的书房取名为"归来堂"。并且，取"审容膝之易安"一句中的"易安"为名号，自称"易安居士"，意为住处简陋但心情安适。

稍事安顿之后，她又与赵明诚开始规划书房的布置。她见书房典籍众多，一时来了兴致。

"郎君，不如我们在书房设立一个书馆，将收藏的书册典籍都分类、编号、登记，放入书橱中，并加锁保管。如需讲读，要先在簿册上登记，然后才能开锁取书。这样附近的人也能来此借阅书籍，以此充实内心，岂不乐哉？"

"这个主意甚好，只怕娘子到时不舍将书籍外借，如有玷污想必娘子定会心疼。"赵明诚一边忙于制作书橱，一边打趣道。

"我何尝小气至此？若恐有人玷污书籍，大不了让其揩拭干净即可。"李清照嘴里说着不在意，心里却也担忧书籍会因此破损，平添了几分小气。

赵明诚见了，只笑着摇了摇头，没有言语。

不久，"归来堂"已经颇有书馆风范，里面藏书无数，更有赵家家传的《周易》《春秋左氏传》等书，可谓门类齐全。不仅如此，就连案头茶几、卧房枕席之上也到处陈列着各类书籍。

即使这样，李清照和赵明诚二人犹嫌不足，日日想着收购更多副本书籍。但此时赵家家境并不如以前殷实，所以经常出现银两短缺的情况。

李清照见此，便想出一个办法——节省开支。

"想来，郎君和我一样，从不在意身外之物，不妨以后我们节省开支，每天只吃一道荤菜，家中只留一件贵重衣服，这样就可省下银两购置更多书籍。郎君以为如何？"

赵明诚在少年时就痴迷收集金石书画，在汴京时也常常典当衣物购买字画，自是和李清照一样，把副本书籍、古玩字画看得比吃穿用度更为重要。如今听李清照这样说，他自是同意。

之后，二人吃穿皆务求节俭，李清照不再添置珠宝首饰，室内器具也以简朴至上，不追求描金刺绣。节省下来的银两，二人全都用于购置副本书籍。

这种随时随地都能看到书籍，并彼此对书中精彩之处心领神会的感觉，让他们感到一种极大的享受，并在精神上给他们带来无限愉悦之感。长此以往，两人比之前更亲密无间。

这日，赵明诚看李清照读书极其入神，两耳、双眼都已容不得外物，不由笑道："娘子把这些书籍古器都侍弄出灵性来了，岂非欲其生《淮南子·时则训》之效？"

李清照聪慧异常，自是知晓赵明诚是在说她痴迷于书籍，这些书画古器能如刘安所云"去声色，禁嗜欲"。因此，她顽皮一笑，对之：

"岂止歌舞女色不能与书画古器相较,就连充满宫室的狗马奇物,亦宜视为殷鉴,不得沉迷其中!"

赵明诚听了,暗自佩服她在毫无准备的情况下,就用《史记·殷本纪》来应对《淮南子》。当然,他也听出了李清照的弦外之音,有责备他曾用心不一的意思。因此只这一句话,便使他面有愧色,自叹不如。

于是,他只摆出闺房之中的自在模样,故意亲昵地凑上前去,爱抚着李清照的双手说道:"宓妃下凡有何声色狗马堪比?"

李清照闻之,面色顿时羞红。"郎君又平白戏弄我,真是讨厌。"她表面故作嗔怪,心里却有一番得意之感。

李清照和赵明诚二人本就记忆力超凡,对"归来堂"中的每一本书都熟稔于心。闲来无聊之时,他们便如新婚时那般,说出某件事情、某句诗文,让对方猜测在哪一本书、哪一卷、哪一页、哪一行,胜者可以先喝到茶。

只不过,每次都是李清照更胜一筹,自然喝到的茶更多一些。赵明诚每次都愤愤不平,直和她"赌书"到深夜。

只有在说出版本和鉴定字画古器的真伪优劣上,赵明诚能够略胜一筹。每每赵明诚在李清照面前炫耀此事时,李清照都在内心笑他似孩童般争强好胜,但在嘴上却总说道:"是是是,郎君多才,小娘子我自愧不如。"直哄得赵明诚眉开眼笑。

玩笑过后,二人又齐心协力将当日获得的古书订正勘校。李清照负责用丝绳进行装订,并题写书名、略做评点、推敲字句等,赵明诚则负责鉴别古书,并一一题签,以及外出寻访古迹或购置书籍器物。这样"一唱一和",二人的这片小天地渐渐成为他们的身心居住之所,日日整理、翻阅古书,孜孜不倦。

也正是因为他们二人的这番良苦用心,"归来堂"中的收藏才都纸札精致、字画完整,在收书家中可以名列第一。

但是,他们至死也想不到,一场"靖康之变"几乎毁掉了他们十几年来的心血,这些金石书画的散失让他们痛心疾首。

## 缙城贺寿,"虽卿相、不足为荣"

> **新荷叶·薄露初零**
>
> 薄露初零,长宵共、永昼分停。
> 绕水楼台,高耸万丈蓬瀛。
> 芝兰为寿,相辉映、簪笏盈庭。
> 花柔玉净,捧觞别有娉婷。
>
> 鹤瘦松青,精神与、秋月争明。
> 德行文章,素驰日下声名。
> 东山高蹈,虽卿相、不足为荣。
> 安石须起,要苏天下苍生。

不久传来消息,朝廷下令全部解除元祐党籍。此前因此获罪的晁补之等人,得以解脱所受之困。李清照喜不自胜,日日盼望能够见到恩师晁补之,受他指点一二。

恰逢晁补之在缙城守母丧,其间将松菊堂修葺一新。这时,晁补之从明水镇给李清照捎来书信。

清照小友:

前日之事稍缓,思念之心却甚。不日便是吾之诞辰,不妨携夫前来,你我也可得见。见信即安,望速回。

李清照心中思念之情更不在话下，因此一读完信就立即回信一封，言辞中极尽盼望早日相见之语。写完后，刚要把信装入信封时，想到赵明诚还未知此事，又匆忙拿着晁补之的书信去寻他。

"郎君，郎君，晁叔叔来信让你我二人同去缙城参加他的寿宴，你赶紧过来和我一起收拾行装吧！"

赵明诚见李清照一脸欢喜模样，心情也跟着愉悦起来，道："果真，看来元祐事件快有定局。早就听说晁叔叔对你有恩师之情，我早就想拜访他，此时正好可以得见。"

随后，二人一起收拾行李，并准备贺寿之礼。所幸，青州距离晁补之所在的缙城也不过百里，可朝往暮返。

晁补之诞辰当日，李清照和赵明诚夫妇二人一大早就乘车出门。一路上，她思绪万千。

当初，她为了得到晁补之的指点，没少央求父亲，甚至跟父亲撒娇。如今，即将与晁补之再见，她却再也看不到自己的父亲了。想及此，不禁红了眼眶。

"娘子是不是又想起岳父了？哎，我也甚是伤心呀！如今元祐事件已经清朗，然而岳父却早已病逝，未曾看到今日境况，真是使人伤心。"赵明诚看穿了她的心思，轻缓地将她揽入怀中，安慰道。

李清照想起父亲去世的情景，眼泪涌了出来："从此，我再也不能依偎在爹爹怀中，向他撒娇，听他宠溺地叫我的名字了。"

"好了，娘子莫要再伤心了，岳父在天上若是瞧见你这模样，定会心疼的。"赵明诚不禁把她抱得更紧，内心想着，日后定不让她再受半分委屈。

终于到了晁府，晁补之见到李清照夫妇二人，自是欢喜异常，急忙将他们迎进屋内。

"清照如今成熟不少，再也不像当时那个爱撒娇的女娃，天天围着我请教诗文了。"晁补之见李清照成婚后,心性沉稳很多,甚是欣慰。但回想起当初李家繁盛之时,李清照整日无忧无虑、潇洒无羁的样子,又希望时光能倒流,永远定格在昔日的美好岁月中。

"我倒愿她一生无忧,不必受这些辛苦。"赵明诚似乎知晓晁补之的心思,说出了他的心声。

倒是李清照见这番情景,有意缓和气氛,笑着说道:"今日乃晁叔叔诞辰,清照在此献上薄礼一份,还望晁叔叔笑纳。还有,晁叔叔可备了好酒?我腹中酒虫可是馋了好几日呢!"

这一番话说得众人喜笑颜开,又恢复团聚时的欢喜氛围。于是,众人围坐,共同饮酒吃喝,为晁补之祝寿。

饭毕,李清照像少时那般和晁补之谈论诗文。晁补之仔细询问她最近都读了哪些书,又写了哪些文章,并一一为她指点。

少顷,晁补之将自己早年所作的一篇题作《评本朝乐章》拿出来,同李清照一起赏析。李清照接过一看,只觉得这篇词评见解全面,一方面肯定苏轼的"横放杰出",不受曲子的音律束缚;另一方面又强调作词还须讲究当行本色,不能似黄庭坚般"著腔子唱好诗"。

赏读间,李清照对这篇词评爱不释手。直到回程的路上,还在车上赏析,不肯放下。

她从这篇词评中受到启发,随即写出了一篇具有青蓝之胜的《词论》。写好之后,她连标题都未来得及起,就将这篇文章呈送给晁补之,请他指点一二。

晁补之读罢,连连叫道"后生可畏",并将这篇《词论》与自己撰写的《评本朝乐章》放在一起珍藏,视如珍宝。

之后,他起知达州,又改泗州。大观四年(1110),他卒于任所,年五十八。

李清照知道这一消息时,正在和赵明诚谈论晁补之的才学。突闻此噩耗，她只觉得天旋地转。从少年开始，晁补之对她来说就亦师亦友，对她多有教诲。她能有如今的惊世才学，有晁补之很大的功劳，他的去世无疑给李清照带来了很大的打击。

在很长一段时间里，李清照回忆起在李家与晁补之谈天说地、研讨诗文的种种情景，都潸然泪下，不能自已。但无论如何，岁月都似车轮一样前进，这些埋进黄土里的哀伤终究阻挡不了岁月的步伐，李清照也只能怀着无限的思念和感慨继续前行。

## 携手游赏，"相从曾赋赏花诗"

> **偶成**
>
> 十五年前花月底，相从曾赋赏花诗。
> 今看花月浑相似，安得情怀似往时。

政和年间（1111—1118），赵家和李家终于时来运转。先是朝廷应允了赵明诚之母郭氏，恢复了赵挺之被追夺的司徒职位，赵明诚的两位兄长也相继重新走上了仕途，这意味着赵明诚重新出仕指日可待。

与此同时，李家也逐渐扫去前尘往事的阴霾，宅邸复旧如新。不仅如此，李清照的外祖父王珪之前被追夺的赠谥也被恢复了。

更为重要的是，赵家和李家的不共戴天之敌——蔡京一党，现今被千夫所指，已经有了穷途之兆。

喜事桩桩件件如同雨后春笋般出现，给了赵、李两家人极大的慰藉。而对于诗情大发、生性洒脱的李清照来说，此刻成了她不得不外出游赏、看尽风光的最佳时刻。

更何况，前几日赵明诚与其兄长、妹婿等去青州仰天山、长清青岩寺、泰岱各地游赏，自是让她好生羡慕。因此，她早早就盼望着自己和赵明诚的踏春时刻。

"郎君可知，前日我听婢女说，这周围风光宜人，十分适宜游赏。恰逢踏青时节，不妨你我同游，共赏这山野风光可好？"春寒料峭，但李清照的出游之心比春天的脚步还急不可耐。

"初春时节，还带着些许寒意，何况山野中的花草尚未尽开，依为夫之见，不如再等些时候吧！"赵明诚看到李清照的双眼早已不在屋中，自是知晓她急切的心情，却故作矜持，假意阻拦她。

"郎君，你好生心狠，前日你同兄长、妹婿到处游赏都不曾带我前去，今日又这番阻拦我，又是何意？我看天凉多添两件衣服即可，初春风景自有一番趣味，莫要辜负了呀！"李清照对赵明诚的"把戏"浑然不觉，一心只放在外面的春色中。

赵明诚见她娇嗔的模样，终于忍不住笑出了声："就知道，我家娘子是一刻也等不了的，好好好，明日我们便一同外出游赏。"

次日清晨，晨露还挂在草尖上，他们二人便迫不及待地出了门。李清照想到新婚时，二人也曾携手外出游赏。但是，鉴于汴京境内，女子不便出游，游赏得并不尽兴。加之当时朝局未定，诸事没有着落，二人心中始终隐隐担忧。

而今，眼看尘埃落定，又身在青州这逍遥地方，李清照心中有种说不出来的舒畅。一路上，她和赵明诚二人赏花对诗，漫步缓行，尽情游赏青州风景。

"卖花担上，买得一枝春欲放。泪染轻匀，犹带彤霞晓露痕。怕郎猜道，奴面不如花面好。云鬓斜簪，徒要教郎比并看。"只见，李清照一边吟诵着昔日所作诗词，一边从路边采摘一朵鲜花，斜插在云鬓上，转头看着赵明诚。

"这是哪里来的神仙妃子？竟如此美貌！简直要夺走小生心魄呀！"赵明诚看着李清照云鬟戴花的模样，又想起初见她时的情景，心神不免又为之荡漾。

李清照得到了想要的夸赞，却一时羞赧，急忙转回头，匆匆向前走去。赵明诚只得快步相随，边走边说着："娘子且慢些，方才我似乎见到一个羞红了脸的神仙妃子，且让我仔细瞧一瞧吧！"

说笑中，他们继续游赏着周围的风景。直到月色朦胧之际，二人游兴依旧未尽。

"走过这么多风风雨雨，深觉此刻来之不易。只希望往后岁月都似今日月光般柔和，你我二人这样共同游赏的时光可以再多一些。"看着月色下婆娑的花影、微泛涟漪的春水，李清照不由感慨道。

"如今才知患难间真情最可贵，昔时是为夫用心不专，未能体察娘子心意，今后定当以此为鉴，给娘子一个静安岁月。"赵明诚想起之前种种，李清照始终在他旁边不离不弃，一时情动，又为之前自己的言行感到羞愧，不免连连向李清照示好，以得宽释。

李清照闻得此言，内心早已大动。她不禁握紧了手，似乎想要把此刻的温柔、恬淡都掌握在手中，一丝也不愿放弃。

可惜的是，此刻说不完、道不尽两心相印肺腑情的二人怎么也想不到，十五年后，月下的双人身影只剩下一个。那时的李清照独对月下花影，忆起此刻的温情，想要与身边人诉说，却发现身边人已去，独留她一人在这世间，内心自是无比凄凉。

不忍看到温柔月色，回忆当时美好的她缓步回到房中，在宣纸上写下："十五年前花月底，相从曾赋赏花诗。今看花月浑相似，安得情怀似往时。"

如果没有后来的风波，李清照和赵明诚是否也可以如愿以偿，相伴一生一世呢？若是如此，他们二人的生活自是令众人艳羡至极的。

# 第七章　念"武陵人"远

## "武陵人"远,"多少事、欲说还休"

> **凤凰台上忆吹箫·香冷金猊**
>
> 香冷金猊,被翻红浪,起来慵自梳头。
> 任宝奁尘满,日上帘钩。
> 生怕离怀别苦,多少事、欲说还休。
> 新来瘦,非干病酒,不是悲秋。
>
> 休休!这回去也,千万遍阳关,也即难留。
> 念武陵人远,烟锁秦楼。
> 惟有楼前流水,应念我、终日凝眸。
> 凝眸处,从今又添,一段新愁。

赵明诚被贬青州,李清照虽然为此惋惜,但是能和丈夫团圆,她心生欢喜。他们夫妻二人整日在家整理《金石录》,互猜诗文,这种闺房之乐让他们度过了几年的美好时光。

然而,好景不长,李清照渐渐发现了一些端倪。在这种悠然自得的时光里,赵明诚似乎有了几丝乏味的迹象。前日,猜诗文时,赵明诚看着院中的百花愣神,好久才回应她。李清照心想,难道丈夫厌倦了这种生活，厌倦了我？

还没等李清照深思，一个消息便传入家中：赵明诚官职可复。李清照为此欣喜，想着丈夫能够恢复官职，重返朝廷，肯定会一展愁容。

谁知，当她万分欣喜地想要与丈夫商讨回京之事时，赵明诚居然告诉她："这次能够回京全仰仗圣上的恩典，为了打消圣上的疑心，表示赵家的忠心，我决定先回京述职，等到事情有了定论，再接你同去。"

李清照听了，忍不住要劝说丈夫。但是，她看到赵明诚的眼睛一直在盯着院中的花朵观看，丝毫没有把她放在眼里。李清照明白了，轻叹了一口气，然后笑着说道："郎君，你可知道，这段青州屏居的时光让我想到萧史和弄玉，他们一人一仙，一箫一笙，共居秦楼十年，尔后变成凤凰，生生世世长相厮守，这样矢志不渝的爱情真是让人羡慕。"

赵明诚回过神来，面带愧色地看了李清照一眼，然后转过头去，说道："可惜，我们都是凡夫俗子，一举一动都要被世间的礼俗所束缚。"言毕，转身离开了卧房。

李清照看着赵明诚在园中贪恋百花的模样，不禁垂泪。她似乎看穿了丈夫的心思，害怕京中的"花儿"太多了，丈夫不在她眼前，她根本不知道丈夫又喜欢上了哪一朵"花"。可是，男子三妻四妾本来就很正常，况且这么多年自己都未曾给他生下一男半女，又有何资格劝说他呢？

李清照又回想当年父亲被流放之事，公公赵挺之当时已经对自己的行为有诸多不满，婆婆郭氏也因为无子嗣的事情多次在赵明诚面前抱怨。这种种事情让她不安，在她心里生出一团乱麻，无法解开。

难道丈夫对我就没有一点眷恋吗？她不信，于是她拿出以前二人一起作的诗，一起画的画，期盼赵明诚能够顾念夫妻之情，回心转意。然而，让李清照万万没有想到的是，赵明诚并没有被打动，他毅然决然地站在了赵家这边，还是一心想要舍弃她回汴京。

李清照不舍丈夫就这样离去，更害怕丈夫一去不返。于是，她日日咏唱《阳关曲》："木兰舟，木兰舟，载不起许多的离愁。人在西陵，心在东州。心在东州，去意难留。吴山高耸水东流，东流东流复东流。"其声音婉转凄切，让人闻之落泪。

李清照至死也不知道，此时的赵明诚就如同误入桃花源的武陵人，面对仙境中的仙女，他已经乐而忘返，又怎会在此时顾念她的情思？

看着赵明诚远去的背影，李清照心灰意冷。她回到闺房中，看着昔日二人一起整理的书籍、吟诵的诗文，觉得有些可笑。自古就有"女子无才便是德"的说法，纵使她文采出众、名动汴京又如何！终究比不过温顺、谦卑，日日相夫教子的闺中女子。也罢，文才无人赏，贤妻称不上，还不如日日贪欢，享一时清闲。

从此，她每天睡到日上三竿，不理床被，不整衣裳，香炉熄灭了也不管，似乎对诸事都失去了兴趣。但是，这时的她真的如同陶渊明一般，过上了"种豆南山下，草盛豆苗稀"的无忧生活了吗？并没有，她的慵懒、不作为都是因为赵明诚。

"女为悦己者容"，如今君子不在，又为谁梳妆、理青丝呢？哪怕头上插满了贵重的首饰，也无人欣赏！

走到庭院中，挖出去年和夫君一起埋在树下的酒。酒香醇厚，可是人为何如此薄情呢？去年这时，庭院里分明还是二人对酒言欢的身影，而今这寂寞的闺楼里只有她一人，再香的酒李清照也没有心情品尝了。

她的嘴里说着不去念、不去想，但是心中想的、念的依旧是自己的丈夫赵明诚啊！此前赵明诚曾遭人来报，说他已奉旨出任莱州太守，却半点没有提及接她同去莱州的事。她整日痴痴地凝望着丈夫归来时的必经之路，期盼着有一天能够看到丈夫的身影。然而，望眼欲穿，郎君终不还！

日复一日，李清照的身体逐渐消瘦，心越来越冷。她悲伤，悲叹丈夫抛弃她；她后悔，"悔教夫婿觅封侯"；她悲愤，"武陵人"心变；她相思，思念昔日月圆人欢。各种情绪一涌而上，她提笔写下《凤凰台上忆吹箫·香冷金猊》：

香冷金猊，被翻红浪，起来慵自梳头。任宝奁尘满，日上帘钩。生怕离怀别苦，多少事、欲说还休。新来瘦，非干病酒，不是悲秋。　　休休！这回去也，千万遍阳关，也即难留。念武陵人远，烟锁秦楼。惟有楼前流水，应念我、终日凝眸。凝眸处，从今又添，一段新愁。

昔时凤凰台上的萧史和弄玉一箫一笙，情意绵绵。而今，"萧史"抛下她，让她独自留在"秦楼"，此种悲痛之情，只有她自己能体会！

## 独居青州，"独抱浓愁无好梦"

### 蝶恋花·暖雨晴风初破冻

暖雨晴风初破冻，柳眼梅腮，已觉春心动。
酒意诗情谁与共？泪融残粉花钿重。

乍试夹衫金缕缝，山枕斜欹，枕损钗头凤。
独抱浓愁无好梦，夜阑犹剪灯花弄。

李清照把送别的《阳关曲》唱了千万遍，却还是没有留住执意要走的"武陵人"。自赵明诚走后，李清照日日无心打扮自己，更别提往日花月掩映,二人一同于此赋诗的庭院,这里如今也变得萧条不堪。

其实,这时的春光还未消逝,外面的花草也还都繁盛,每日都有人从门前经过,兴高采烈地外出游赏,观看春景。而赵明诚的决绝离去,伤透了李清照的心。她再也没有外出游赏的心情,只日日独坐在栏杆旁。

每每看到门外二三成群的游人,她都心生艳羡。"正是踏春好时节,众人都成群结队外出游赏,而郎君你又在干什么,又何时能够回心转意,叫我到你身边去呢?我多希望此刻的你我像当年一样并肩同游、月夜赏花。如若能再次回到那一天,我情愿时光就此停留。"

"夫人,天就要黑了,小心着凉,还是快些回屋吧!"乍听见婢女的声音,李清照恍惚间觉得她的郎君已经回来了。然而,当她转头看去,不过是婢女在身旁叮嘱,脸色立刻由喜转悲,刚刚生出的笑意一瞬间淹没在满腔忧愁里。

她自顾自倚栏眺望,盼望能够看到赵明诚的身影。直到天色黑透,也没有看到。"明诚呀,你究竟到哪里去了呢?为什么还不归来呢?"她忍不住喃喃自语,像是在质问赵明诚,实则是在质问自己。

至于赵明诚的行踪,其实她比任何人都清楚。还记得她少时读过的刘、阮奇遇:刘、阮二人误入仙境,偶遇仙女,并与之成为夫妻,数百年不曾归家。她知道如今的赵明诚就如同故事里的刘、阮二人,已经遇到另一个让他着迷的"仙子",又怎会放弃眼前温柔,接她前去团聚呢?

既然她心中明了这些,那又在期盼什么呢?想到这里,她又觉得自己有些可笑,明明看透了前因后果,竟还带着一丝盼望,日日在此处望眼欲穿地等待着这位"武陵人"。更甚之,她无时无刻不在担忧,这位"武陵人"会不会越走越远。因此,即使"望断归来路",她也不舍离开栏杆处,只一味痴痴凝望着门外。

婢女见劝说不动她，只好拿来披风为她披上，又站在一旁静静陪着她。她身上的寒意越来越重，反而担心婢女感觉寒冷，支开了婢女，独自一人倚栏凭望。

忽然，一阵凉风起，她禁不住寒冷，猛地打了一个寒战。于是，转身想要回到卧房。然而，转眼看到容易使人醉倒的"扶头酒"，又生出醉酒的念头。

"既然无人可作陪，不妨借酒消此愁。"她一边说着，一边拿起桌上的酒杯，独自对月饮酒。

独酌至深夜，眼前景物都模糊不清，她才摇摇晃晃和衣而卧。直到翌日太阳高照，她才清醒过来。

然望向窗外，目光之所及依旧是昨日旧景，不曾有一丝改变，心中的人儿也依旧杳无音信。

"任凭暖雨晴风，春光明媚，无人共赏，又有何意趣？"她不由冷哼一声，随即竟无情无绪地斜靠在枕头上，任凭头上首饰、发髻凌乱。

门外，婢女见屋内没有动静，小心翼翼地催促她好几次，却不得回应，也只叹了一口气，轻声离去。或许，婢女也知道她这番离情别愁来势汹汹，不忍心打扰她吧！

就这样，一日日过去，她竟生生消瘦了一圈。青州邻近的姊妹、旧友看到她这番模样，都为她伤心。

"既然等不到他的回信，倒不如主动前去团聚，也比整日在此烦闷，不知他的具体状况要好。"

"就是，如今你这般相思情切，你那'武陵人'断不会知晓，还是早做打算为好。"

身旁的姊妹你一言我一语地劝诫着她，句句说到了她的心坎上。她转念一想，姊妹们的话不无道理。

忽然，她快步走到铜镜面前，看着镜中自己的憔悴模样，自言自语道:"想我如此洒脱之人,今日竟把自己弄成这般模样,实在不值。"

姊妹们见她心思松动,立刻上前来,为她梳理头发、挑选服饰。化好妆容,她的心也有了几分安定,决意主动前往莱州,去见自己的丈夫。

只是,让她没有想到的是,她的这次主动出击并没有打动赵明诚,反而受到了赵明诚的无情冷落。她的这番情意在赵明诚眼中,难道真的不值一提吗?这一切,在她到达莱州的那一刻,或许才会有答案。

## 前往莱州,"惜别伤离方寸乱"

> **蝶恋花·晚止昌乐馆寄姊妹**
>
> 泪湿罗衣脂粉满,四叠阳关,唱到千千遍。
> 人道山长山又断,萧萧微雨闻孤馆。
>
> 惜别伤离方寸乱,忘了临行,酒盏深和浅。
> 好把音书凭过雁,东莱不似蓬莱远。

下定决心后,李清照立刻收拾行装,准备前往莱州。然而,到了临别之时,她看着前来送行的众位姊妹、旧友,心中的不舍之情又泛滥开来。

李清照才名远扬,周围仰慕李清照的女伴不在少数。在赵明诚远走之后,她们都成了李清照的精神寄托,与李清照相濡以沫。

如今,听闻李清照要去莱州,众位姊妹、女伴都前来告别。

"此去山高路远,你务必要当心!"

"切记勤写书信告知近况,否则我等定会担忧。"

"妹妹且放心,赵官人绝非无情之人,想来你这一去,他定当回心转意,切莫太过忧心。"

"你这一去,不知何时回来,心中思念之情不尽呀!"

李清照看着她们都满脸愁容,一时也免不得暗自神伤。然而,送君千里终须一别,她早晚都是要走的。

"众位姊妹切莫伤心,我在青州这段时日多亏你们照拂,如今要去莱州心中定是不舍,但请你们宽心,我定会照顾好自己,还请你们千万保重身体,我们有缘终会再见!"

道别之后,她坚定地走出门外,踏上马车。车马越行越远,李清照依稀听见姊妹们在轻轻吟唱着《阳关曲》,歌声悠扬,情意绵长。

她双眸里的泪珠终于忍不住涌出眼眶,沾湿了如月容颜,打湿了手中姊妹送她的荷包、香囊。

一阵啜泣之后,她掀开车帘,遥望着越来越远的青州,万般滋味顿时涌上心头,剪不断、理还乱。

"青州姊妹的情意我自是知晓,然而这'武陵人'如今的心意又如何呢?我千里迢迢奔赴莱州,等待我的又将是怎样的境遇呢?"

这些问题现在的她都无从知晓,或者说她不敢猜想下去,怕最终的结局如同这萧瑟秋风般,无情又恼人。

行至昌乐,一场初秋的雨毫无征兆地袭来。无奈之下,她下车找到一处驿馆,暂且歇下。

小憩片刻后,她迷蒙醒来,听见窗外的雨声渐渐大了一些,窗下的芭蕉被雨水打得噼里啪啦直响。她披了一件衣服,径直走到窗边,打开窗户。一阵寒风像打了卷似的,呼呼吹进屋内。片刻之间,锦被、枕头都染上了寒凉。

但是,站在窗边的她似乎并未感觉到身上的寒意,只怔怔地坐在窗边,凝望着窗外萧条的秋景。"秋雨如此寒凉,我却感知不到,恐怕我心中的凄苦比这秋雨更甚呀!"

情到浓时酒意起,她吩咐下人取来一坛酒。对着凄冷的秋雨,她用浓酒一杯一杯浇着心中的情愁。醉意熏熏时,她又想起伤心事来。

"我写给莱州'武陵人'的众多书信,到如今竟没有一点儿音讯。难道这莱州当真似蓬莱一样遥远,书信竟无法寄到吗?"

婢女在一旁听着,不忍心她这般伤心,只轻声劝道:"夫人莫要担心,莱州并没有那般遥远。"

"对,莱州并没有那么远,只不过是有些人的心比蓬莱还要远而已,希望……希望青州众位姊妹不会如此,断了书信,至少……到了莱州还有一丝慰藉。"说到这里,她的醉意已深,语无伦次起来。

婢女在一旁劝诫她不要喝了,她却站起来提笔写下一首《蝶恋花·晚止昌乐馆寄姊妹》:

泪湿罗衣脂粉满,四叠阳关,唱到千千遍。人道山长山又断,萧萧微雨闻孤馆。 惜别伤离方寸乱,忘了临行,酒盏深和浅。好把音书凭过雁,东莱不似蓬莱远。

写毕,她醉倒在床榻,一时不省人事。

翌日清晨,她睁开双眼,只觉得头疼欲裂。揉了揉昏沉的头,她一时竟想不起自己昨天喝了多少酒。下床,看到书桌上的那首新词,她长叹一声,吩咐婢女把这首词寄回青州。

随后,她登车继续前往莱州。赵明诚见到她会是怎样的心情,又会如何对待她呢?想着这未知的一切,李清照心烦意乱。

## 遭遇冷落，"乌有先生子虚子"

> **感怀**
>
> 寒窗败几无书史，公路可怜合至此。
> 青州从事孔方兄，终日纷纷喜生事。
> 作诗谢绝聊闭门，燕寝凝香有佳思。
> 静中吾乃得至交，乌有先生子虚子。

初秋已至，余暑却还未完全消散。李清照一路颠簸，终于到达莱州。见到赵明诚，她自有万般话语要说，可是语到唇边，却不知如何开口。

"郎君……郎君可知，这一路甚是艰辛……我……"

"娘子一路车马劳顿，甚是辛苦，不妨先稍事休息，为夫还有公务要处理，恕我此刻不能作陪了。"李清照的话还未说完，赵明诚却抢先出言，草草安排一番。

她还未来得及好好看一看久别的丈夫，赵明诚便径直从她身边走过，头也不回地去往任上。她转身看着"武陵人"决绝的背影，竟不知自己为何要来这一遭。

"夫人此来仓促，加之官人近来公务繁忙，恐有不当之处，还请夫人担待。此刻，夫人怕是累了，还是先请进屋歇息吧！"一个下人看着她不知所措的样子，出声帮她解了围。

随后，下人带她来到一所院落，示意她可以在此处歇息。她推开院门，院内花草大多枯败，一应摆设极其简陋。

看见这番景象，她心中着实不是滋味。"或许，郎君是真的事务繁忙，还未来得及收拾我要住的房间吧！也罢，这些身外之物我自是不在意,还是先安心歇下吧!"

自我安慰一番,她推开卧房。只见屋内只有一桌、一椅、一床几件简单的家具,除此之外别无他物。就连赵明诚最珍爱的那些金石书画在这里也看不到一件。

"来此,只是给我安排了一间如此荒凉的客房,不知道这府中正房该是何人居住?"李清照满腔的热情此刻被这间陋室浇灭,心中充满了寒凉。

"哎,官人也是,夫人不辞辛苦来这里,为何安排这样的住处给夫人?"婢女看着这间简陋的卧室,也忍不住叹息着。

早在来之前,李清照已经做好了各种心理准备。她想过,赵明诚现在可能心不在此处,会对她颇为冷落,但是她无论如何也想不到,赵明诚竟然无情至此。想到这里,她有些后悔自己所做的决定,但是事已至此,她已经无可奈何。

她和婢女将这间卧室收拾妥当,住了下来。其实,如此简陋的居室根本不用费心思去收拾,只是她如今心灰意冷,无心打理,只能在房中独自闲坐,暗自垂泪。

一晃数日过去,她自初来时见了赵明诚一面之后,再也没有看到他半分身影。她终于按捺不住,几番向下人打探,但最终得到的还是"官人公务繁忙,没有时间作陪"这类敷衍的话语。

这日,她独坐在陋室中,看着寒窗败几,书案上没有一本诗书和史集,只有一本《礼韵》已被她翻了数遍。踱步半日,竟别无他物可以赏玩。无奈之下,她又随手翻开《礼韵》,想要用翻开的那页上的字为韵来写诗。

偶然翻到"子"字,她想起苏学士所写的《章质夫送酒六壶书至而酒不达戏作小诗问之》。

"苏学士友人送酒给他,最后他除了书信之外,一滴酒都没有见到,当真是没有'青州从事',只有'乌有先生'。"想及此,她不禁失笑。

然而,回望居室,又悲从中来。"苏学士尚有友人牵挂,何曾算得上'子虚乌有',如今我这情形,才当真是'子虚乌有'啊!"

叹了一口气,她又想到《三国志·袁术传》裴松之注引《吴书》上的一段记载:"术既为雷薄等所拒,留住三日,士众绝粮,乃还,至江亭,去寿春八十里。问厨下,尚有麦屑三十斛。时盛暑,欲得蜜浆,又无蜜。坐棂床上,叹息良久,乃大咤曰:'袁术至于此乎!'因顿伏床下,呕血斗余,遂死。"

"如此这所居室一无所有,与当时袁术穷途末路之境况有何分别?只怕,如今能陪伴我的,只有'乌有先生'和'子虚先生'了吧!"她连连叹息,一时兴起,拿起笔墨,写下《感怀》一诗:

> 寒窗败几无书史,公路可怜合至此。
> 青州从事孔方兄,终日纷纷喜生事。
> 作诗谢绝聊闭门,燕寝凝香有佳思。
> 静中吾乃得至交,乌有先生子虚子。

写毕,她搁置笔墨,又卧在床上,不肯再动。婢女见此,十分心疼。于是,她便偷偷将这首诗拿了出来,托下人转交给了赵明诚。

赵明诚看到这首诗,顿感心中有愧。李清照起居的事务一应皆是他安排的,他如何不知李清照的境况。只不过,如今他心中另有他人,本来料想李清照看到此处简陋,就会知情识趣,回到青州。

然而数日过去,她竟没有半分离开的心思,只独自在陋室中居住。想到这里,他终是心思回转,觉得愧对自己的娘子。

于是,他终于暂时放下了"公务",前去探望李清照。李清照见到他的身影,之前的万般情愁顿时烟消云散,付出一片真心,渴望二人可以像之前那般亲密无间。

如此过了几日,他们二人的感情有所好转。此后,赵明诚每天公干完毕,晚上都会回到静治堂书斋,认真在灯烛下研究金石书画,撰写《金石录》,并仔细将每卷做好题签,用淡青色的丝带装订起来。

这些日子他们二人在灯下仔细赏读这些字画,遇到难解之处,二人更曾相对研习一整夜。每每有所成就,他们都高兴地举杯庆祝,竟然一点儿也不觉得劳累。闲暇时,二人也如在青州般,一同谈论诗文,偶尔外出游赏。就这样,夫妻二人的生活又趋于平静。

但是,在当时变幻莫测的朝局下,这份难得的宁静又能持续多久呢?

# 第八章　淄州"素心人"

## 淄州任上，一心一意整理《金石录》

> **浪淘沙·约素小腰身**
>
> 约素小腰身，不奈伤春。
> 疏梅影下晚妆新。
> 袅袅娉娉何样似，一缕轻云。
>
> 歌巧动朱唇，字字娇嗔。
> 桃花深径一通津。
> 怅望瑶台清夜月，还照归轮。

宣和六年至七年间（1124—1125），赵明诚东莱之任期满，被转调淄州。淄州与章丘相隔甚近，并且有数不尽的珍贵文物。因此，李清照和赵明诚二人都颇为欣喜。

"'击鼓吹竽七百年，临淄城阙尚依然。如今只有耕耘者，曾得当时九府钱。'爹爹当年所写，果然名不虚传。"李清照和赵明诚二人自从来到淄州之后，对这里的风土人情、金石书画颇感兴趣。李清照因为在此方便回娘家章丘，对此地甚为满意。

"岳父大人之诗，果真写尽了临淄这一古城的风貌，让我为之大开眼界。从此,你我二人在此,便有更多乐趣可寻了。"赵明诚本就对金石书画十分痴迷,来到临淄古城,他时刻都难掩激动的内心。想着他整理的《金石录》或可在这里完成,他更是高兴得夜不能寐。

李清照与赵明诚相处这些年,自是知晓他在金石书画上的天分。想来,赵家本乃贤良之家,赵家这三兄弟皆有贤德,赵明诚骨子里自然是有几分赵家风骨的。

"郎君可对此地满意?爹爹曾说,此城文物颇多,堪称宝藏之地,想来这番定能满足郎君的平生志趣。"李清照看着赵明诚对此地痴迷的样子,不觉流露出仰慕的目光。这一路发生了太多事情,然赵明诚在金石书画上的志趣却未曾改过分毫,她对此心感佩服,更加希望丈夫对她的心意也可以如此坚定。

"果然如岳父所说,昔时在青州,我曾经五访城西南的仰天山,三过长清灵岩寺,踏访古迹甚多,颇有收获。然而,来到此地,才知晓什么是真正的可考究之物众多。此处定能满足我平生整理《金石录》所愿。"赵明诚和李清照并肩站在城楼上,眺望着远方,内心都有着无限的感慨。

此后,赵明诚在任上处理公务之余,几乎将所有时间都用在整理《金石录》上。

其实,在青州屏居期间,赵明诚撰写的《金石录》已经初具规模,他还为之尽心撰写了序文《金石录·序》。后来,他还邀请了对赵挺之有提拔之恩的刘挚之子刘跂,共同撰写《金石录·后序》。

李清照初次看到他们撰写的序文时,连连夸赞这两篇文章都是学术散文中的上乘之作,其文笔、意蕴俱佳。

"从前竟是我小看了郎君之才,今日读郎君之文章,方感郎君文风潇洒自如。正所谓文如其人,郎君之洒脱我竟不能堪比呀!"

赵明诚翻看着《金石录》,想到李清照当时所言,心中更加满足。

于是，他整理之心日益强盛，每每到深夜都舍不得将书籍放下。

不仅如此，自从来到淄州，他竟然像变了一个人一样，与在莱州时判若两人。在莱州，他忙着处理"公务"，心中还另有所思，一度冷落李清照，对任上的事务也并不十分尽心。

而在淄州，或许李清照对他的不离不弃让他感知到妻子矢志不渝的情意，对她更是尽心陪伴、细心照拂。

"只可惜，如今岳父大人已去，不然定当请岳父大人赐教。娘子不必忧心，为夫定当一生相伴，与娘子不离不弃。"赵明诚看着在身侧帮他研墨的妻子，由衷地说道。

"郎君此意，我铭感于心。"李清照感受到赵明诚无微不至的关心和爱意，心里涌起一股暖流。

"真想永远留在此处，这样郎君就会日日与我这样相伴了吧！"如此想着，李清照脸上的笑意不禁蔓延开来。

她想到近日来，赵明诚处理完公务便急不可耐地归家，然后和她一起赏玩金石书画，并悉心为她烹茶，偶做"赌书"之乐。到了深夜，灯烛下，他们也不厌其烦，一本本、一件件翻看金石书画，相对赏玩。这种情景让她每每为之陶醉。

其实，赵明诚转变之所以如此之大，和李家是有一定关系的。自从来到淄州，他们二人经常一起回到章丘明水镇老家。随着拜访次数越来越多，赵明诚对李家的家世知晓得越来越细致，便越来越欣赏李家。

尤其是当他见到李清照亲自命名的漱玉泉时，他为有如此有才之妻感到庆幸，觉得能与李清照结为夫妻，实为此生之幸。

加之，他从李家一家主仆对李清照的种种夸赞中，感觉到李家实在是雅人高致之家，其书香意蕴悠远，并不比赵家逊色。

因此种种，他更加敬重李家、善待李清照。这一切被李家众人看在眼里，也甚是欣慰，毕竟李家众人皆知李格非的心愿是希望李清照这一生都可以无忧无虑、肆意洒脱。

## 夫妇相赏，深夜秉烛诉衷情

> **殢人娇·后亭梅花开有感**
>
> 玉瘦香浓，檀深雪散。
> 今年恨、探梅又晚。
> 江楼楚馆，云闲水远。
> 清昼永，凭栏翠帘低卷。
>
> 坐上客来，尊前酒满。
> 歌声共、水流云断。
> 南枝可插，更须频剪。
> 莫待西楼，数声羌管。

赵家本乃书香世家，赵挺之又曾经为一朝宰相，其家境自然算得上殷实，至少衣食一直有余。但是，赵家家风一向俭朴，因此赵家上下都不喜奢华。如今，赵明诚在淄州任上，也依旧保持着这一家风。

衣食住行之上，他从未讲究华美，皆做到朴素舒心即可。李清照本就是清高之人，更不在意吃穿用度，而专注于内心的修养。因此，他们夫妻二人在淄州的府邸并不奢华，并且他们平时衣食简朴，与普通百姓的生活并无很大差别。

只是，他们二人对金石书画都兴趣浓厚。他们经常在临淄到处游走，为了搜罗珍藏金石书画，时常废寝忘食，孜孜以求，因此还抢救了不少流失于民间的文物。

在走访淄州开元寺时，赵明诚偶然发现了李邕撰写的石碑，甚是惊喜。为了保护这件文物，他大费周章，派人将石碑移到郡府厢房前，并用木头做成栅栏将其围了起来。

临淄的百姓看到他这一举动，内心都惶恐不安。他们遇见了太多鱼肉百姓、横行乡里的贪官，太害怕这位新官又会在临淄弄出什么怪异的事，进而危及他们的正常生活。

然而，数日下来，百姓们并不见赵明诚再有任何出格的举动，这才知晓他的本意只是想要保护石碑这一文物，并无其他所求。

又经过一番观察，百姓们发现赵明诚不仅从未欺压百姓，更是以做百姓的好邻居为荣，与他们一样，每日过着朴素的生活，顿时心生感动。

有文人言："陶潜曾写'闻多素心人，乐与数晨夕'，今日得见赵官人，方知素心人是何模样。"百姓们听了都觉得十分有道理。从此，他们便把赵明诚当作临淄的"素心人"，敬重非常。

为了深入百姓生活当中，李清照和赵明诚经常一起走街串巷，到各乡村走动。在体察民情、访贫问苦的同时，他们也着力于寻觅、搜罗稀罕物件。每当发现一两件文物，他们就会为此高兴好几日。

长此以往，百姓们也知道了他们的爱好，于是也经常帮他们留意着稀罕物件。每遇到好东西，都请他们过来品鉴。他们如果发现喜欢的东西，立即高价买下，绝不让百姓吃亏。百姓见此，也都越来越敬重他们。

"郎君，你看这可是孟姜匜和平陆戈？"这日，他们又在民间发现了好东西，李清照一见这两件宝物，更是兴奋不已。

赵明诚接过李清照手上的文物，仔细查验了一番，确是真品无疑,双眼立刻放光。

"确实是。娘子,这番果真没有白白苦寻。"他一边向李清照说着,一边又打听这两件文物的价值,"不知这两件宝物是何人发现,又价值几何?我定当高价收购。"

"赵官人自到任上,对临淄的每一件事情都尽心尽力,对百姓更是仁爱有加,如今得到宝物,想要献给赵官人还来不及,又怎会收取官人钱财呢?"发现这宝物的人感念赵明诚夫妇的素心,只想将宝物献给他们。

然而,赵明诚和李清照双双摇头,再三言说不能白拿百姓的东西。一番游说之下,他们拿出重金收购了这两件宝物。

回去的路上,赵明诚把玩着这两件宝物,爱不释手。

"如今我看,这宝物竟比我还重要呢!"李清照看着赵明诚的样子,打趣道。

赵明诚这才注意到身旁的妻子,忙放下文物,赔笑道:"哪里,哪里!这世间唯有娘子一人最为珍贵,任何宝物都不能比。只是这番购买这些宝物又花费不小,恐怕又要劳烦娘子和我一起过一段清苦生活了。"

"有情饮水饱,郎君若开心,衣食简陋又何妨?"李清照依偎在赵明诚怀中,轻声说道。

赵明诚见李清照一片真心,甘愿与他一起受苦,内心十分感动。他看着李清照,只在心中暗暗说道:"此生必不负她。"

这日直赏玩到凌晨,天色发白,他们二人才依依不舍地放下文物,和衣睡下。

就在他们以此为乐,每日怡然自得之时,又有很多风波正悄然袭来。这一次,他们又将怎样面对?

## 赵母逝世，赵明诚南下奔丧

宣和七年（1125）对于赵明诚和李清照来说，是悲喜交加的一年。

先是朝廷下达诏令，赵明诚"可特除直秘阁"。

早在汴京时，赵明诚就是太学中的优秀学生，因此他自有一番雄心抱负。然而，自赵家返回青州之后，虽然赵氏三兄弟都有官职，却总是不温不火，没有特别大的升迁调动。这让赵明诚为之叹息，心中有怀才不遇的愤懑。

而这个诏令预示着朝廷对赵家的重视，也预示着赵明诚未来的仕途又会重见光明。因此，得到消息的赵明诚欣喜万分。

"如今看郎君日日满面春风，当真是如鱼得水呀！"李清照看着赵明诚终于得志的模样，心中也为他终于得以"施展拳脚"而高兴。

赵明诚听了内心更是兴奋，暗想，既然未来仕途有希望，定要全力以赴，奔向更好的前程。

不久，太子赵桓继位，是为宋钦宗。太学生们都上书，请诛蔡京等六人，诸多大臣也纷纷附和。宋钦宗先将蔡京接连贬为崇信、庆远军节度副使，后又将他流放到海南。最终，蔡京死在了流放途中。

与此同时，赵家三兄弟也相继东山再起。赵明诚的两位兄长分别任秘书少监和中书舍人，在朝廷上有着非同寻常的地位。一时间，除了驻守在淄州的赵明诚，赵家及几门近亲中的人才大都受到了朝廷的重用。

其中，李清照的小弟李远也走上了仕途。

"远儿自幼便有过目不忘、出口成章之才，在太学时也是优秀的太学生，日后定会有一番成就。"赵明诚和李清照一同读李家家书，对李远赞不绝口。

"如今郎君升迁在即，远儿也走上仕途，前途定会一片光明。"

李清照看到小弟李迒走上仕途，也颇为高兴。

就在他们夫妇二人为此高兴之时，又有一个消息传来。赵明诚的妹夫傅察出使金国时，不幸遇害身亡。

赵明诚闻得此讯，悲痛不已，心中万分牵挂自己的妹妹，不知妹妹境况如何。李清照看到他担忧的样子，疼惜不已。就这样，他们又为此郁郁寡欢了一段时日。

然而，祸不单行。靖康元年（1126），金军侵入汴京，次年，宋徽宗、宋钦宗两位皇帝连同成千上万名妃嫔、官僚、匠人被俘虏，在应天府称帝的宋高宗赵构与其他政府官员一路南逃，四处躲避。

同年三月，赵明诚的母亲郭氏病逝于江宁。这个消息如同晴天霹雳，给了赵明诚深深的打击。

"娘子……我没有母亲了……"赵明诚拿着家书，泣不成声，只觉得书信竟有千斤重。

"郎君节哀，如今还是设法速速回江宁，安排母亲安葬事宜为好。"李清照也黯然落泪。

二人相拥而泣，哭了许久。

良久，二人开始收拾行装，准备一同去江宁。不料，青州又传来发生兵变的消息。这次，他们慌了神。在青州屏居十年，他们苦心孤诣收集了许多金石书画。如今兵变，这些宝贵的文物势必会遭到毁损。

"这可如何是好？这可如何是好？……难道上天竟要绝我不成？"赵明诚还未完全接受母亲去世的消息，他最珍视的文物也岌岌可危，他顿时心乱如麻，不知该如何应对。

"郎君莫急……让我想想办法……不如郎君先去江宁，我速速返回青州，抢救这些金石书画。"李清照来回踱步，片刻，坚定地说道。

"娘子……"赵明诚看着如此忠贞的李清照，眼泪溢出眼眶，无比感动地说道,"这一程山高路远,更何况还有金兵追捕,我内心实在不安,但是如今……娘子这番真心,叫我如何报答啊!"

"青州每一件文物都是你我共同寻觅而来,我亦视其为珍宝。郎君不必忧心,我定不负郎君所托。"李清照何尝不知此去凶险,但是为了丈夫,为了他们二人珍爱的文物,她还是决心冒险走这一遭。

"娘子此心,为夫感激涕零。"赵明诚郑重地向她作揖拜谢,"只是,娘子务必珍重,以己身安危为重。"

"郎君放心!"李清照握住赵明诚的手,说道。

不日,赵明诚和李清照一起离开淄州。赵明诚随身携带了一部分藏品,前去江宁安葬母亲。李清照带着下人回到青州,抢救他们收藏的金石书画。

这一去,二人又被迫分离,再见不知何时。李清照心中不是滋味。她不知道此去青州有多少艰辛和险阻在等着自己,也不知道何时才能过安稳的日子,只知道一定要帮赵明诚把那些珍贵的文物抢救回来。

但是,她无论如何也想不到,从她踏上行程的那一刻,余生的颠沛流离就已经注定了。

## 时局骤紧,独自返青州理家

**瑞鹧鸪·双银杏**

风韵雍容未甚都,尊前甘橘可为奴。
谁怜流落江湖上,玉骨冰肌未肯枯。

谁教并蒂连枝摘,醉后明皇倚太真。
居士擘开真有意,要吟风味两家新。

李清照返回青州后,时局变得越来越紧张。一路上,她看到很多流民,内心的担忧更加强烈。其实,早在出发前,她和赵明诚已经隐约知晓,青州的文物可能会损失很多,但是他们还是想尝试挽救一些。

"娘子切记,其他文物若来不及抢救,一定要把《赵氏神妙帖》带上。这幅帖非常难求,当时颇费了些银钱,其价值不可估量,娘子务必要把它带到江宁。"

李清照回想起赵明诚的话,不知为何更加忐忑不安。她深知当初赵明诚寻觅此帖的经历,也知晓此帖何等珍贵。但是,赵明诚越是如此说,她越是明白,这次兵变非同小可。虽说李清照生来气节不凡,但是她毕竟身为一介小女子,面对兵变当然也会害怕。

经过几日的长途跋涉,她终于回到了青州赵家宅邸。她推开门,看到如今的赵家宅邸已然没有了往日的琴书之娱和金石之乐,昔时雅致、温馨的府邸如今却充满了凄凉之感。若不是下人们在此照看,只怕这座府邸早已变成了一座荒宅。

"清照,你总算回来了,只是今非昔比,恐怕这里也不是久留之地了。"

"且先不说这些,这一路长途跋涉,你定是劳累了,还是先去歇息一会儿吧!"

青州的姊妹、旧友知晓她回来,都早早来到赵府等候。一看到她,她们都有千言万语想要说。

李清照看到这些姊妹,早已泪流满面。当时,她前去淄州,这些姊妹都前来送别,盼望她早日归来。然而,她此番终于归来,其情形却与想象中大不相同。比起当时的依依离别意,此时的浓浓愁苦情更加让人感到凄凉。

与众姊妹、旧友寒暄一番后,她开始整理金石书画。当她走进书房里,看到满屋子的书籍、文物,昔日的场景一一浮现在脑海。

"娘子,快来!看我又淘到了什么宝贝!"

"郎君,你又输了!哎呀!赢了这半日,我喝茶都喝撑了。"

"是是是,在下甘拜下风。"

这间书房盛满了她与赵明诚的温情过往,每一处都镌刻着深深的情意。她抚摸着书桌、书架,翻看着每一本书,泪水又止不住淌了下来。

"若时光可以停留,愿长居于此,与君相和,一生无忧。"比起风云不定的汴京,她和赵明诚琴瑟和谐的地方——青州,对于她来说更加值得怀念。在这里生活的十年,是她和赵明诚最恩爱的十年。

"苔痕上阶绿,草色入帘青。谈笑有鸿儒,往来无白丁。可以调素琴,阅金经。无丝竹之乱耳,无案牍之劳形……"对于李清照来说,这府邸就是她和赵明诚的"陋室",往来皆雅致至极。

而此时,这样的温情时刻已经不复存在。不仅如此,她更肩负着运送这些文物的重担,根本来不及再细细回忆昔时的岁月静好。

短短几日,李清照就将赵家上下打点妥当,收拾出来十五车珍贵的文物,准备将它们运到江宁。余下还有十几间屋子的文物,她一时不知如何处理。不料,这时兵火迅速蔓延,局势越来越危急。她有心想要挽救这些文物,却无力运送。

"清照,看这情形,怕是此地不久便要沦陷了,你还是暂且不要管这些文物了,保命要紧呀!"

"对呀,还是快走吧!"

青州姊妹们知晓她心中不舍,但是此时已经容不得她多犹豫,于是都纷纷劝说她。

李清照纵使心中有万般不舍,却也没有其他可行的办法了。情急之下,她只好随身携带了《赵氏神妙帖》,将其与十五车文物一同押送，迅速逃往江宁。

行至镇江时，恰遇张遇等人带兵到此。张遇不仅击败了这里的士兵，还抢夺了将作监主簿马元颖的妻子。镇江的守臣钱伯言见此状，弃城而逃。

李清照见到这番景象，万分感慨。她不相信一城守臣竟抛下百姓，独自逃走，对此十分鄙夷。这时的她怎么也想不到，几年后，她敬重的丈夫也如同钱伯言般，灰溜溜地从江宁逃走了。

不过，此时的她已经顾不得别的，心里更多惦记的是她怀中的《赵氏神妙帖》和十五车文物。于是，在纷乱的镇江城里，她凭借自己的智慧逃过了士兵的盘查追捕，一路向江宁而去。

直到建炎二年（1128）春天，她才到达江宁。然而，这时婆母郭氏早已下葬，她未能为这位颇有胆识的"太夫人"送葬。

# 第九章　江宁伤心事

## 赵、李家宴，"醉里插花花莫笑"

> **蝶恋花·上巳召亲族**
>
> 永夜恹恹欢意少，空梦长安，认取长安道。
> 为报今年春色好，花光月影宜相照。
>
> 随意杯盘虽草草，酒美梅酸，恰称人怀抱。
> 醉里插花花莫笑，可怜春似人将老。

躲过了兵火，逃过了"江外之盗"，李清照终于到达了江宁。当她怀揣着《赵氏神妙帖》、押送着已为数不多的文物来到赵明诚面前时，已经成为江宁最高长官的赵明诚内心十分感动。

"娘子，这一路辛苦你了，只恨为夫无用，不能与你一起渡过难关。"赵明诚目光炯炯，看着李清照，双眸饱含感激之情。

"郎君休要如此说，母亲病逝，郎君自当前来江宁，倒是我因为返回青州未能见母亲最后一面，心中着实遗憾。"纵使这一路有太多艰难险阻，但是这一刻见到心上人，李清照只觉得再苦都值得。

一番寒暄之后，两人相拥而立。刹那间，李清照回忆起大相国寺初见，二人四目相对的情景，内心突然涌出一种神秘而幸福的感觉，这种感觉蔓延至全身。

不久,青州传来金军扫荡的消息,他们那十几间屋子的藏品因此化为灰烬。李清照着实疼惜,向赵明诚哭诉。

"郎君,都怪我不能将那些文物一同押送过来,如今毁于一旦,着实可惜……"

青州的文物都是赵明诚费尽心机一件件淘来的,如今一件不剩,他自然心疼。但是,看到眼前哭成泪人儿的李清照,他更是感念她一路辛苦,保住了一些文物。于是,他握着李清照的手,宽慰道:"娘子莫要悲伤,只要你无事便好!"

这一次,不仅赵明诚对李清照更加深情,阖府上下对这位有胆识的少夫人也更加敬重。李清照见到此番情景,腹中的忧愁不觉散尽,全身都无比舒畅和轻松。她游览了依山筑城、因江为池的石头城,走过了鸡鸣山麓的胭脂井,踏访了闪闪发光的紫金山,看到了下水门的赏心亭。每到一处她都抚今追昔,无限感慨。诗兴大发之时,她还会即兴写一些感时伤乱之作。

赵明诚每每读之,都觉得她文采斐然。"娘子此番多有进益,诗作文采不凡,令人艳羡呀!"

"郎君又在取笑我了,前日我拜读郎君和韩驹韩先生的诗作,深觉郎君的几首诗作竟胜于韩先生,我自当拜服。"李清照看到丈夫的上乘之作,也深感自豪。

这天,赵明诚带来了一个喜讯:堂哥李迥将会带着李家众人前来。

李清照听了,并没有十分欢喜。说来,她的堂哥李迥还是他们二人的"媒人",如今多年后能够相见,李清照本该高兴。但在这般境地下,相比家人欢聚,李清照更希望朝廷能早日"收拾旧山河"。

"如今赵家府邸宽阔,可容纳百人,郎君不如布设家宴,宴请赵、李两家亲族,彼时同欢,岂不乐哉?"赵明诚并未注意到李清照的反应，仍自顾自地说着。

李清照并未拒绝，她不想扫丈夫的雅兴，而且，近年接连辗转，甚少有机会同族人相聚。趁此机会与家人团聚一下，也未尝不可。

这之后，赵明诚便开始准备这次的家宴。

上巳节，赵、李两族，还有赵明诚的一些部属同僚和韩驹等诗朋酒友都前来赴宴。

席间，众人共同饮酒、谈笑，好不热闹。李清照与小弟和堂哥等人开怀畅饮，吟诗作对，恍如隔世一般，忘记了使她忧愁的一切。直到暮色将至，众人才依依不舍地离开赵府。随着亲朋好友的离去，李清照旋即陷入深深的失落当中。

她今日看到了小弟、堂哥和李家众亲人，想到自己的爹爹早已病逝，此生不能得见。她忽然觉得今日盛景恍如大宋盛世，曾经的万般繁华终究都会似水般匆匆流逝，不留一丝痕迹。

"娘子，夜深了，赶紧歇息吧！"已在床上歇下的赵明诚看到她深思苦虑，不由得劝道。

"郎君且先歇息，我稍候便来。"然而，这时被惆怅情思缠绕的李清照心中离情万千，无法安枕。

她回头望了一眼已经熟睡的赵明诚，然后转身提笔以《上巳召亲族》为题，填了一首《蝶恋花》词。

彼时，她颇有情趣，把花插在云鬓上，让丈夫"比并看"，是花好看还是她好看。如今，花朵依旧，春意盎然，而她的容颜却慢慢变老，再美的花似乎都无法斜插在云鬓了。当真是"年年岁岁花相似，岁岁年年人不同"。

## 丈夫冷落,"感月吟风多少事"

> **临江仙·庭院深深深几许**
>
> 欧阳公作《蝶恋花》,有"深深深几许"之句,予酷爱之。用其语作"庭院深深"数阕,其声即旧《临江仙》也。
>
> 庭院深深深几许?云窗雾阁常扃。
> 柳梢梅萼渐分明。
> 春归秣陵树,人老建康城。
>
> 感月吟风多少事,如今老去无成。
> 谁怜憔悴更凋零。
> 试灯无意思,踏雪没心情。

李清照在来江宁的途中,见逃亡的百姓、军士大臣,不禁发出感慨,写成两副对联:

其一:南渡衣冠少王导,北来消息欠刘琨。
其二:南游尚怯吴江冷,北狩应悲易水寒。

她特意将这两副对联挂在正厅,然后郑重地请赵明诚鉴赏。
"郎君请看,这两副对联如何?"
赵明诚读完之后,瞬间变了脸色,随即缄口不言,拂袖而去。
李清照见此,内心一沉。她猜到赵明诚将她的诗句当成了"逆言"。

过了几日，李家族人李攉等一行人来访。他们看到正厅的对联都默不作声，面面相觑。只有一人看了这两副对联，连连称赞，感慨李清照文采出众。

当晚，赵明诚便将这两副对联收到了卧室中。

"这两副对联甚是不妥，不要挂了。"此时的赵明诚脸上再无一分喜色，而是满脸拒人于千里之外的阴沉之色。

"郎君可否告知，这两副对联有何不妥？这恰是如今宋人最缺少的风骨。东晋司马睿之所以能够稳坐帝位，是因为王导一手策划了南渡计划，稳住了江南的士族豪强。而如今我大宋缺少的便是像王导这样的人才。若大宋多一些像王导、刘琨这样即使家国命运飘零也至死不屈、一心收复故土的人物，我大宋又何至于此？"

李清照看到赵明诚如此冷漠，内心的一腔家国之情终于无法抑制，如同热血般一涌而出。

"你此番意思，竟是我等人都是卑躬屈膝之辈，不足以成就大事了？你只是闺阁妇人，为何会说出如此大逆不道的话？"

赵明诚听了李清照的一席话，觉得一股羞辱之感涌上心头。他堂堂一介江宁知府，竟然被闺阁妇人羞辱，这是什么道理？他甚至有些懊悔，悔恨不应该如此宽容对待她。

李清照见他恼羞成怒，蔑视自己的丈夫竟无半分傲骨，反而对如今这些安于现状、毫无家国之忧的官员无一丝鄙夷之意。一气之下，她冷哼一声，自回客房。

翌日，李远和李迥都听到传言，说李清照用讥讽朝廷的"谣言"来诋毁士大夫。二人听了，心急如焚，都害怕李清照会因此受到牵连，便一同来到赵家，打算劝说李清照。

"姐姐，如今时局混乱，你却写此对联，这会牵扯到朝廷政治，万万不可如此呀！"

"远儿言之有理，表妹不可不听。我知晓你生来傲骨，不以权贵为荣，但如今局势不同，行事还要多加小心才是。"

他们你一言我一语，纷纷劝诫李清照。李清照本来想在见到他们后诉说赵明诚的懦弱、不作为，但听到他们如此说，才知道如今人人自危，就连自己的亲人也不能理解她，顿时灰心不已。

"你我三人从小一同长大，我对远儿更是爱护有加，我以为就算德甫错解我意，你二人身为李家人，也不会误会我至此。不承想……"她不禁感到寒心。

"姐姐，我们并不是此意，只是太过担忧你，害怕你出事，姐姐何必多想。"李远见李清照伤心，只以为李清照误会他二人的意思，连忙解释。

"罢了，罢了……你们先走吧，让我一个人静静。"李清照见他们的架势，知晓是无法说服他们的。

其实，李清照的诗句的确有对朝廷议和苟安的辛辣讽刺，她对曾经御敌无策、专讲议和的李擢等人非常不满，何况这件事还涉及宋高宗为保皇位置父兄于不顾的皇家隐私，赵明诚和李远、李迥站在了李清照的对立面并不奇怪。

而此刻的李清照万万想不到，曾经体恤她和对她疼爱有加的亲人们，竟然在一夕之间将她置于如此尴尬的境地，她内心的痛苦和凄楚无以言表。

既然无法对任何人诉说，她只好提笔将心事藏在诗词中。于是，她写了一首《临江仙·庭院深深深几许》并序。

昔日，她与赵明诚花前月下，一同赋诗，温馨而美好。如今，年华老去，膝下无子的她就像被抛弃的庄姜，凄苦无助，无人可怜！

# 日日"望君","梦远不成归"

> **诉衷情·夜来沉醉卸妆迟**
>
> 夜来沉醉卸妆迟,梅萼插残枝。
> 酒醒熏破春睡,梦远不成归。
>
> 人悄悄,月依依,翠帘垂。
> 更挼残蕊,更捻余香,更得些时。

自李清照作了那两副对联后,赵明诚对她越来越冷漠。李清照甚至感觉他们又回到了在莱州的日子,她日日期盼赵明诚归家,却日日看不到他的身影。

这日,李清照把饭食热了好几次,守在桌前,累得昏昏欲睡。直等到深夜,赵明诚才归家。一听到声响,她睁开眼睛。

"郎君回来了,今日为何又如此晚?"即使她并不赞同赵明诚的想法,但是她身为人妻,终究还是希望可以日日陪伴丈夫左右。

"近日公务繁忙,你不必日日等待,自行歇息便是。"赵明诚看着被热了好几次的饭菜,冷冷地回应李清照。

"郎君可是累了,还是先用些饭吧,我……"

"不必,我近日甚是困倦,毫无食欲,先去歇息了。"

李清照话未说完就被打断。她看着赵明诚自顾自回到卧室,一头躺倒,再无话语。她叹息一声,不由生出一丝怒意。

"都撤了吧!"

婢女见她也没了用饭的心情,一一把饭菜撤了下去。

"把酒留下吧!"她看到桌上准备的青梅酒,顿时起了醉酒之意，让婢女只把一壶清酒留了下来。

卧床上，赵明诚依然熟睡，而李清照空对一轮皓月，再无心情安眠。

"不知汴京府第的红梅是否也因无情的春风而消残凋谢了？"瞥见花瓶里的残梅，她想起自己亲手在汴京李府闺楼前种的红梅，不禁感叹道。她一边把玩着凋落在桌上的花瓣，一边饮酒。

"我如今境况和这残梅又有何不同？也罢，就让这残梅陪我度过这漫漫长夜吧！"

不知道多少杯清酒下肚，李清照只觉得眼前的梅花越来越模糊。此刻，或许只有大醉一场才能让她进入梦乡。她脑海中浮现出当年丈夫与她的对话：

"娘子，今年的梅花开得煞是好看，尤其是枝头的红梅，分外明艳妖娆，像极了昔日在李府，你我相遇时你娇羞的模样。"

"那还不是因为你突然到访，还偷看我在秋千上嬉戏。哼！早知如此，我应让堂哥整治你这个'登徒子'。"

"娘子你可舍得？为夫之情如此深厚，娘子怎可辜负？"

"不与你斗嘴了，我们来吟诗可好？"

"为夫自当奉陪！"

"疏影横斜水清浅，暗香浮动月黄昏。"

……

正在吟诵之时，李清照突然闻得一阵幽微的梅香，她好奇地凑上去轻嗅，只觉得梅香越发浓重。片刻，她睁开眼睛，看到桌上的残梅，方才知晓，原来刚才只是酒醉后的一个美梦。

她起身，走到梳妆台前。只见镜中的她首饰松松地插在头上，脸上只剩残妆。"定是方才醉酒太深了，竟醉倒在桌子上了。"她一边说着，一边卸下头上的首饰、洗净脸上的妆容。

随后,她看着还在熟睡中的赵明诚,他表情放松,好似没有一点心事。而她的心中却藏满了忧愁,好生伤心。

忧思郁结,她提笔写下一首《诉衷情·夜来沉醉卸妆迟》:

夜来沉醉卸妆迟,梅萼插残枝。酒醒熏破春睡,梦远不成归。

人悄悄,月依依,翠帘垂。更挼残蕊,更捻余香,更得些时。

写毕却发现宣纸上满是泪痕。伤心之下,她径自拿着所作之词,走向客房,一夜对月吟诵,心内满是惆怅。

翌日,当她回到卧室,发现床上锦被早已冰凉,不见赵明诚的身影。泪水止不住流下,怎么擦拭也擦不干净。

婢女忙递上手帕,安慰道:"夫人莫要再伤心了,官人定是公务繁忙,夫人可别因此哭坏了身子。"

李清照想起初来江宁时,赵明诚看到她一路历经艰险,仍然不舍《赵氏神妙帖》,一番感动之言让她觉得无论再苦都值得。而今日,他这般态度,怕不仅是为了那两副对联。或许他又想效仿莱州之遇,当那个"武陵人"吧!

正如李清照所想,此时的赵明诚在江宁这个"六朝金粉"之都,满眼都是靡丽繁华之景,哪里还能记起家中的她?更何况,他的诗朋酒友经常和他一起饮酒作乐,极尽欢畅。在这种状态下,赵明诚在淄州的风骨荡然无存,反而沾染了纨绔之习,日日不见踪影。

正所谓"由俭入奢易,由奢入俭难",赵明诚在江宁颇有几分"纸醉金迷"之态,这和李清照诗句中所讽刺的士大夫又有何不同?然而,这并不是最让李清照难过的。接下来,赵明诚逃离江宁的举动,更让李清照心寒不已。

## 临阵出逃,"仲宣怀远更凄凉"

> **鹧鸪天·寒日萧萧上琐窗**
>
> 寒日萧萧上琐窗,梧桐应恨夜来霜。
> 酒阑更喜团茶苦,梦断偏宜瑞脑香。
>
> 秋已尽,日犹长,仲宣怀远更凄凉。
> 不如随分尊前醉,莫负东篱菊蕊黄。

建炎二年深秋,赵明诚对李清照的态度依旧冷淡异常。李清照也曾日日等待,从清晨等到天黑,从清醒等到酒意沉醉,但等到的除了他冷冰冰的表情,再无半点情分。

久而久之,她心灰意冷,甚至不再抱有"良人"回转心意的希望。因此,她日日懒怠梳妆,只独自在闺阁中饮酒、读书。

金军的铁蹄四处践踏着大宋的疆土,江宁城内也时常不太平。李清照听闻,城中百姓慌乱四逃,丢性命者不在少数。她忧心家国,也忧心青州、章丘故乡的家人,而今丈夫冷落她,她无处言说。

无奈之下,她只好将这万千忧思寄于诗词中,写下《鹧鸪天》《菩萨蛮》等一首首饱含伤感之情的作品。

然而,这时的赵明诚心中早已没了当初的凌云壮志、天下大略,对李清照的作品更是不屑一顾。

转眼间,秋冬尽,春日来。这天是正月初七"人日节",天空时而阴沉,时而放晴,大雁队列整齐,一会儿变成"人"形,一会儿变成"一"形,成群结队地朝北飞去。

"大雁定是思乡情切,迫不及待飞回故乡了吧!鸿雁你且慢些飞,可否帮我捎一封家书,以寄相思之情?"

李清照头上的钗头凤闪闪发光,她眺望着天空中的大雁,思乡之情越来越浓烈。

春天来临,东风柔和,天气渐暖,百花待放。如此好时节,李清照乍然换上春装,却无端感到一丝寒意。昨夜的浓醉还未尽消,思乡情切,她不禁有感而发:

风柔日薄春犹早,夹衫乍著心情好。睡起觉微寒,梅花鬓上残。故乡何处是,忘了除非醉。沉水卧时烧,香消酒未消。

"家国破碎,故乡难寻,倒不如一直沉醉,至少内心亡国之痛在醉后能稍减片刻。"李清照想起家国命运,内心不由得感慨,但愿沉醉不复醒。于是,她又拿起酒杯,对着大好春光独饮。身在闺阁,无法建功立业,她又能做些什么?

随着金兵入侵,江宁城内的风波悄然来袭。这日,江宁转运副使李谟得知城内驻军将要叛变,立刻将这个消息报告给了知府赵明诚。

"府公,如今驻军似有叛变之意,还请府公早谋良策,解江宁于危难之间呀!"

赵明诚一惊,顿时乱了方寸。他向来一心只读圣贤书,哪里有什么平叛的办法呢?

"且莫担忧,待我仔细思虑一二。"一时找不到解决的办法,他三言两语打发了李谟。

李谟见他并没有平叛的打算,心急如焚。"叛军随时有可能行动,我还须早做准备。"这样想着,李谟私下进行了一番部署。

深夜,叛军果然开始行动。还好李谟做了准备,及时平叛,没有百姓伤亡。他急忙去向赵明诚报告。

谁知，他四处寻找也不见赵明诚。无奈之下，他上城墙观望，却发现赵明诚居然在夜晚将绳子悬在城墙，借此抛弃家人和全城百姓逃跑了。李谟见此，哀叹赵明诚无能。

李清照被院外慌乱之声惊醒，却发现枕边人已不在了。接着李谟来到赵府，将赵明诚逃跑的事情告知于她。她听了，直羞得无颜面对。

"妻子家人尚且在此，城内百姓慌乱，他却在这时弃城逃走，我大宋难道真要亡了不成？"她气愤至极，在房内来回踱步。

赵明诚逃出城后，见李谟已经平叛，城内百姓并没有受到伤害，他才放下心来。然而，想到自己的举动，他又开始羞愧，不知如何再回江宁城。

在城外游荡了一夜，他没有别的去处，只好回到自家。李清照见了他，忍不住心中的怒气，讥讽道："官人在何地奔波一夜，竟如此狼狈？想来官人定是为了江宁百姓整夜忧心，甚是劳累了。"

赵明诚自是能听出她话中的辛辣之意，但是他此刻却没有底气反驳她，只是低头假装翻阅书籍。

不日，朝廷下达诏令，罢去赵明诚的官职。李清照见了诏令，又着实气恼了半日。但是，如今一切已成定局，她多说也无用。况且，她看到赵明诚羞愧的模样，又想到他毕竟是自己的丈夫，她又能如何呢？

长叹一声，她别无他话，只为日后生计烦忧。

此时赵明诚看着李清照，又想起她对自己的万般情意来。这一路，无论他的态度如何，李清照始终不离不弃，他还有何不满呢？思量半日，他打算带着李清照继续南下，寻找安居之所。

# 第十章　建康夫病逝

## 触景生情，"死亦为鬼雄"

> **夏日绝句**
>
> 生当作人杰，死亦为鬼雄。
> 至今思项羽，不肯过江东。

建炎三年（1129）三月，赵明诚被罢官。同月，李清照跟随他离开江宁，再次开始漂泊的生活。

赵明诚感念李清照一直不离不弃，又羞愧于自己临阵脱逃之举，一时之间内心极其复杂。而李清照经历了这么多风风雨雨，反而更加坦然豁达。

"世事更迭，总有不尽如人意之处，但无论前路还有多少坎坷，终究要亲自走一遭。"一路上，李清照不停地宽慰赵明诚。

他们一起乘船去了芜湖，后又到了姑孰，最后打算在赣水择居安家。

中途，他们乘船路过和州乌江县时，李清照欲到项王庙凭吊。

"项羽因愧对江东父老，宁愿自刎于乌江，这是何等的英雄气概。而如今，大宋危矣，却无人敢以身守国，致使国土接连沦丧，真是让人心痛不已啊！"

"项羽威名传千年，他之气概无人能敌。此番到访乌江，我们去项王庙看看吧！"赵明诚读懂了李清照的心思，却羞于承认自己怯懦，只好附和道。

李清照没有再继续说下去，只和赵明诚一起上岸，前往项王庙。走进庙中，她看到项羽的雕像虎虎生威，仿佛英姿犹存，在万般感慨之中奋笔写下《夏日绝句》一诗：

> 生当作人杰，死亦为鬼雄。
> 至今思项羽，不肯过江东。

赵明诚读后叹道："想昔时，项羽战败，被围困至乌江，乌江亭长把船靠岸，请项羽上船，说道：'江东虽小，地方千里，众数十万人，亦足王也，愿大王急渡。今独臣有船，汉军至，无以渡。'"

李清照熟读历史，怎不知这段英雄过往，眼神中含着几分坚毅之色，接着说道："项羽笑着说：'天之亡我，我何渡为！且籍与江东子弟八千人渡江而西，今无一人还，纵江东父兄怜而王我，我何面目见之？纵彼不言，籍独不愧于心乎？'言毕，将坐骑送与乌江亭长，与汉军短兵接战，杀死汉军数百人后自刎而死。此乃真英雄也！"

对赵明诚来说，江宁出逃一事，始终如鲠在喉。他内心自愧做出如此小人之举，但是作为文弱书生，他的高傲使他难以低头。而今，看到项王雕像，听见李清照这一番话，他心中很不是滋味。

"《楚辞》有'身既死兮神以灵，魂魄毅兮为鬼雄'，项羽宁愿死也不愿苟且偷生，而我身为长官，却在百姓陷入危难之际临阵出逃，真真羞愧至极也！"赵明诚终于将心中的羞愧吐露出来，在项羽雕像面前，泣不成声。

李清照听到赵明诚有悔过之意，也热泪盈眶。她从与赵明诚在大相国寺初见，四目相对之时，就有了与他相知相守、矢志不渝之心。如今这一路坎坷，即便赵明诚对自己有所冷落，她依旧视他为此生良人，乃至知己。因此，无论如何，她都不会离他而去。

　　"郎君能说出这番话，我为之欣慰。大宋薄弱至此，皆因当权者在危难之时只顾自身性命，独自逃之夭夭。而我一向仰慕郎君才华，知晓郎君有大才。虽江宁之事有所不妥，但终究郎君有所顾虑。好在如今郎君幡然醒悟，想必前途定有转机。郎君莫要过分忧伤，哪怕仕途无望，我亦愿意生死相随，不离不弃。"

　　听了这一番话，赵明诚心中的悔恨又加深了几分。想当初，大宋崇尚文风，文人墨客大多都纳妾、养歌妓，这种做法甚至成为一种时尚。他日日与文人墨客相处，也沾染了其中风气。

　　加之，郭氏在世时，时常抱怨李清照无子嗣。他身为赵家公子，自是希望膝下有人继承家业，不想后半生孤苦无依。

　　由此种种，他几番冷落李清照。然而，李清照除了独自愁苦之外，并未像寻常妇人般与他厮闹，更在几次危难之际，始终不离不弃，陪他渡过难关。

　　如今，他们二人将至知命之年，鬓边白发已经悄然生出。李清照却还是如当初般，别无二心。到头来，都是因自己贪念太深，才将二人置于如此境地。赵明诚白白浪费了这数载光阴，真是悔不该当初。

　　想及此，赵明诚声泪俱下，牵着李清照的手，再也不肯放开。李清照本就对他情义深重，如今见他诚心悔过，内心开始原谅他之前的种种做法。

　　"郎君莫怕，今后的路你我二人共同携手，必能安稳渡过！"
　　"好……好……好！"

## 明诚病逝，"断香残酒情怀恶"

> **忆秦娥·咏桐**
>
> 临高阁，乱山平野烟光薄。
> 烟光薄，栖鸦归后，暮天闻角。
>
> 断香残酒情怀恶，西风催衬梧桐落。
> 梧桐落，又还秋色，又还寂寞。

建炎三年五月，赵明诚和李清照到达池阳。二人正在犹豫是否要在此处定居之时，建康（建炎三年五月初八日，宋高宗改江宁府为建康府）传来消息，朝廷下达了一封诏书，授赵明诚为湖州知州。

自从在江宁被罢官后，赵明诚夙夜惶恐，日日小心行事，生怕再出什么纰漏。更甚之，时刻怀有弥补过错之意，渴望再有机会建功立业。

因此，得到消息后，赵明诚内心不禁感戴圣恩。他只恨不得立刻朝见皇帝，领旨赶往任上，有所成就。

李清照知晓他的心思，但是如今居所未安，她更加不舍丈夫立刻前往任上。

"郎君莫要着急，如今居所未安，郎君有何打算？"

"娘子，湖州境况我如今未曾知晓，不如娘子暂且留在池阳，待住所安定后，我再复任。等到湖州事宜安定，娘子再去不迟。"经过李清照的提醒，他方想到首先要安顿好李清照等人。

于是，他立刻着人在池阳安定住所，安顿好清照及赵府众人。之后，便迫不及待赶赴任上。

六月十三日，正值酷暑天气，赵明诚再也按捺不住焦急心，一心想要返回建康领旨然后奔赴湖州。李清照见拦他不住，只好乘船相送。直送到赵明诚必须上岸改走陆路，她才依依不舍地返回。

她坐在小舟上，看着岸边的赵明诚神采奕奕的样子，深知他此次心中存有远大抱负，急于施展自己的才能，心中隐隐约约有些担忧。

"如若城中告急，我该如何？"看着赵明诚的身影渐渐模糊，她站起身来大声问道。

只见，赵明诚坚定地翘起拇指，食指指着李清照，似命令般说道："从众。不得已时，宁可舍弃箱笼、包裹和衣被，也要保护金石书画。实在不能，字画古器也可丢掉。只有一点，那些宗庙礼乐之器以及祭器千万不能丢弃，宁愿与其共存亡！切记，切记！"

说完，他翻身上马，扬鞭而去。

李清照回到位于池阳的临时住所，心中始终有种不安的感觉。此时天气如此炎热，赵明诚却赴任心切，冒着暑热骑马奔驰。她十分牵挂赵明诚的身体，生怕赵明诚半路经受不住暑热，染上疾病。

越想越担忧，她干脆开始筹划前往湖州之事。"与其担忧，不如尽早前去团聚，这样也好协助郎君一二，共享温情。"如此想着，她便着手准备去湖州的事情。

她在家中盼呀盼，只等丈夫音讯，让她可以去湖州团聚。谁知，分手不到月余，她盼到的却是丈夫甫到建康便患了疟疾且卧病不起的消息。她看着从建康传来的书报，顿感惊惧。

"来人……来人……速速备车……速速备车……"她慌了心神，又急又怕，"郎君本就是性急之人，此次得了疟疾，他必定会服食寒药，这样一来，恐怕病情会更加严重。不行，我定要立刻赶去……对……立刻赶去……"

于是，李清照即刻乘船，直奔建康，一日夜连行三百里。

等她到了建康，发现赵明诚果然服食了很多柴胡、黄芩等性寒的泻火退热的药。然而，这样一折腾，他的疟疾非但未痊愈，反而引发了痢疾。数病同发，短短数日之内，他竟然到了药石罔效的地步。

李清照见他缠绵病榻，已然奄奄一息，顿时乱了方寸，只抱着他悲痛哭泣，再无半点主意。

八月十八日那天，赵明诚大限之日已到。临终前，李清照陪伴在侧。

"郎君，莫要丢下我一人……你快好起来，我们再共同'赌书'、游赏名胜可好……"话说到一半，她已经泣不成声。

赵明诚看着她这般伤心模样，于心不忍，用尽力气为她拭去眼泪。忽然，眼前闪过过往种种。那年，大相国寺中，那个倾国倾城的女子；那日，李府家宅中，那个香汗淋漓的女子；那时，项王庙前，那个一身傲骨的女子……

他想起身，再次拥佳人入怀，与她耳鬓厮磨，一番耳语。却想到这一生中，他二人无子嗣，似乎并无所托。顿时，眼神变得越来越浑浊。

"郎君……郎君……你别吓我……"李清照见状况不对，忙呼唤道。

赵明诚似乎没有听见，最终永远地睡去了。当真是"取笔作诗，绝笔而终，殊无分香卖履之意"。

曹操临终前，尚且担忧妻妾的生活，遗嘱之中还嘱托妻妾"分香卖履"，以度余生。而赵明诚一生无子嗣，临终前无任何遗言，李清照为此悲痛万分。

伤感之中，她写下一纸祭文：

白日正中，叹庞翁之机捷；

坚城自堕，怜杞妇之悲深。

这一年，李清照已四十六岁。她悲痛一场，也大病一场。在这战火纷飞、盗贼横行的世道，她又该何去何从？

## 大病一场，"凉生枕簟泪痕滋"

> **南歌子·天上星河转**
>
> 天上星河转，人间帘幕垂。
> 凉生枕簟泪痕滋。
> 起解罗衣聊问、夜何其？
>
> 翠贴莲蓬小，金销藕叶稀。
> 旧时天气旧时衣。
> 只有情怀不似、旧家时！

赵明诚病故以后，时局更加紧张，李清照走投无路。但此刻李清照已经顾不上考虑自身安危，心中只有丈夫病逝的悲痛，以及当日送别时丈夫对她关于保护文物的嘱托。

更何况，赵家的这些文物不仅有她亲自整理、提名、评点的劳绩，还记录着她在青州运送文物时抱着"与身俱存亡"的态度，一路智斗追兵、盗贼的凶险经历。因此，这些文物对于她来说，何尝不是比性命还要重要的东西。

但是，在如今战乱纷纷、大宋岌岌可危的局势下，她要想保住这诸多文物谈何容易。到此地步,她当真是"心有余而力不足"。加之,丈夫病逝,她好似没了主心骨。昔日万般柔情尚有人诉说,如今一句肺腑之言却无人可讲。

双重悲戚之下,她身体不堪重负,竟一病不起。几日下来,延医问药,不但病情毫无起色,反而更加严重。

"昔日两人生欢,岁岁年年相伴,今时独我一人,万事万物皆生厌。"连日缠绵病榻,她竟生出几分厌世之态。更甚之,她曾想一死了之,与赵明诚共赴黄泉。

可是,当她想到丈夫的嘱托,又兀自苦恼垂泪。"郎君,你可是知晓我有此意,所以用这些金石书画为托,断了我此番念想。可是,如今你不见,我又有何力气和精神整理文物?我只一心悼念枕边人,恨不能同去呀!"

赵府婢女、下人等见此,皆被她之深情感动,暗自垂泪。但赵明诚病故,作为赵家当家主母的她却不得不强忍病痛和悲苦处理赵明诚的后事。

她挣扎着从床上下来,安排好赵明诚安葬等事宜,为他选好坟墓、刻好墓碑,直至他安然入土,永世为安。

这日,建康告急,她不得不快速离去,继续南下。逃离前夕,她决定前去拜祭丈夫。去之前,她看着镜中的自己,华发不知何时又生出许多,病中容颜憔悴,再也回不到当初明媚的模样。

"郎君,你说初见之时,曾为我倾国倾城之貌而倾心,叹世间竟有如此美貌女子。如今,年华已逝,容颜已老,你定当不喜我这般模样了吧!"

说着,她拿起木梳,重新整理发髻,拿出昔日赵明诚最喜爱的衣服,郑重地换上。

"如人生能回初见时,你我定要情话长!"

在婢女的搀扶下,她走到赵明诚安葬之地。看着冰冷的墓碑,她的眼泪还是忍不住流了下来。

遣走下人,她独自坐在坟墓旁边,抚摸着冰凉的墓碑,怔怔望着坟墓上的荒草。她只悲叹,人生际遇如此艰难。

"当时少年郎,秋千架下慌,青梅尚可嗅,少年无处寻。郎君,你为何这般狠心呢?"昔时的郎君,如今却变成冰凉的坟墓,这让她难以接受。

哭了许久,她难以自抑。婢女担心,前来问询。

"夫人,莫要过分伤心了,明天还要赶路呢。还是要以休养精神为重啊!"

"郎君放心,我定不负你的嘱托。今后必会将文物视作唯一挂念之物,将与其共存亡。"啜泣声渐渐止住,她站起来坚定地说。

说罢,她转身离去。渐行渐远时,她忍不住回头望了一眼,只见微风拂过,荒草轻荡,桐叶飘落,似与她告别。她任由眼泪涌出,模糊了归路。

她回到住所,躺在床上,却如何也不能安眠。遥望天上斗转星移,人间夜幕逐渐低垂。

"这天上人间,竟无一人可作陪!"

悲叹一番,复躺在床上。片刻,只觉得枕席越来越凉。用手触摸,才知晓脸上泪水如雨,一直流淌。哭了半夜,昏昏睡去。

刹那间,她只觉得自己昏睡了好久。她急忙起身,问道:"夜已经到何时了?"

"夫人,现在时辰尚早,还是赶紧歇息吧!"

"原来,才只昏睡片刻,这夜竟如此漫长。"

说着,她低头看着自己身上的罗衣。青绿色的莲蓬已经变小,金色的荷叶也逐渐褪色。

"衣裳虽旧,却异常舒适,可此心却再不似当时。"

她顿时没了睡意,干脆起身,提笔写下一首《南歌子·天上星河转》:

天上星河转,人间帘幕垂。凉生枕簟泪痕滋。起解罗衣聊问、夜何其? 翠贴莲蓬小,金销藕叶稀。旧时天气旧时衣。只有情怀不似、旧家时!

"天上的牛郎、织女尚可一年会面一次,而我和他如今阴阳两隔,竟从此无缘相见了。"

## 追忆亡夫,"今年海角天涯"

> **清平乐·年年雪里**
>
> 年年雪里,常插梅花醉。
> 挼尽梅花无好意,赢得满衣清泪。
>
> 今年海角天涯,萧萧两鬓生华。
> 看取晚来风势,故应难看梅花。

一番哀悼之后,李清照的病情更加严重,竟隐隐有了沉疴难起之态。

"山雨欲来风满楼",建康城此时偏偏又陷入危急之中。李清照听闻朝廷已经将后宫嫔妃疏散到别处,并且要禁止长江航渡。而她现今还拥有两万卷书、两千卷金石刻本,以及数量众多的器皿被褥和其他物品。

拖着病躯,带着如此庞大的家当,她又如何能舟车劳顿?但是,想起丈夫生前的嘱托,她舍不得放弃任何一件文物。勉强之下,她召集全部可用之人,将能带走的东西全部带走。但只行走了半日,她就觉得劳累至极,难以喘息,几度昏死过去。赵家众人见了,甚是心急,却毫无办法。

她看着身后众多文物,唯恐自身难以运送,更加悲戚。心急之时,她想起赵明诚的妹婿李擢,他如今任兵部侍郎,正在洪州护卫着隆祐太后。

"若把部分文物寄给他保存,倒不失为一个好办法。"如此想着,她立即修书一封,派人将文物连同书籍一起托付给两位赵明诚的旧日部属,让他们押运着行李去投奔李擢。

转移完这部分文物,她心中稍微松了一口气。然而,她的病情还是一直反复,不见好转。在此境况下,赵家众人只好走走停停,不敢加快速度,唯恐李清照也遭遇不测。

一路逃亡,李清照身心备受煎熬。这日,行到一半,夜幕低垂,众人找到驿馆,暂时歇下。

她和衣躺在床上,一闭上眼睛,脑海中就不断浮现丈夫去世时的一幕幕情景。

"郎君待我不薄,我却一直没有为赵家绵延子嗣。如今郎君已逝,独留我一人,当真有愧呀!"

她想起不管是在青州的归来堂,还是在莱州的静治堂,抑或在淄州、江宁的赵家府邸,他们相伴的每一个夜晚都是在编纂、读书、斗茶……其乐无穷。

在青州,他们每夜整理金石书画到深夜,直到一根蜡烛燃尽,依旧深觉不尽兴;在莱州,赵明诚"每日晚吏散,辄校勘二卷,跋题一卷",李清照常常在一旁协助他。当时的丈夫勤政笃学,一心想要做出一番政绩,她便不离不弃,一直从旁协助。

"有娘子如此得力的助手,我再累也不知疲倦,只因此心安矣。"

她想起丈夫的夸赞,不觉露出笑容。待她想要转身回应丈夫之时,才想起"枕边人"已不复存在。顿时悲痛万分,呜咽不能止。

日夜都如此伤情,病情也反复无常。只短短数月,她竟似老了数岁。每每看着镜中自己渐显衰老之色的容颜,她都只能无奈地摇头悲叹。

"罢了,如今良人已去,空留绝世容颜给谁看?"

不日便启程,继续南下。行走间,恍然不知何处才是归所。

直到十一月,金兵追至洪州。洪州守臣见金兵到来,吓破了胆,连夜弃城逃到抚州。隆祐太后见此境况,也立即退到虔州。李擢和他的父亲见洪州不保,自是不肯在此死守,也都逃跑了。

一日,李擢传来书信。信中道:"洪州已破,无处安身,无奈之下,文物已弃,实为惭愧。"

李清照读完书信,只觉得耳边嗡嗡作响,头无比沉重。双眸所及之处,漆黑一片,双耳所闻之处,嘈杂不断。恍然间,不知身在何处,将去做甚。霎时,昏倒在驿馆,不省人事。

众人见此状,都慌乱不及,立即为李清照延医诊治。直过了两日,她才悠悠转醒。

此时,冬日已至,南方虽暖,却也染上了浓重的寒意。她想起昔时在汴京时,每到冬季,大雪纷飞,梅吐清芬,她就把香梅斜插在云鬓上。可如今,云鬓华发不胜簪,人间处处是凄凉。

悲痛之时,她写下一首《清平乐·年年雪里》:

年年雪里,常插梅花醉。挼尽梅花无好意,赢得满衣清泪。

今年海角天涯,萧萧两鬓生华。看取晚来风势,故应难看梅花。

她和赵明诚天上人间,阴阳两相隔,比海角天涯还要远。大宋江山只剩半壁,众多官员却空想天上欢,看不到地上悲。如此人间,真是毫无生机,毫无意趣!

# 第三篇

## 凄凉不失风骨的晚年岁月

# 第十一章　南下路途遥

## 玉壶颁金，"魂梦不堪幽怨"

> **好事近·风定落花深**
>
> 风定落花深，帘外拥红堆雪。
> 长记海棠开后，正伤春时节。
>
> 酒阑歌罢玉尊空，青缸暗明灭。
> 魂梦不堪幽怨，更一声鹧鸪。

建炎三年末，李清照大病未愈。

"夫人，外面天气暖和了些，不如出去游赏一番。想来春色明媚，定能愉悦身心。"婢女见她怏怏的模样，不由劝说道。

若是昔时，何须婢女相劝，她定是早已跑到外面到处游赏、看尽春景了。可如今，她站在窗前，看着窗外的光景，却无半分外出游赏的心思。

她看着手边零星的几本书画字帖——李白、杜甫、韩愈、柳宗元集的抄本，《世说新语》《盐铁论》等数十轴汉唐石刻副本，不禁想起那些去年寄存在洪州的书籍，它们都烟消云散般消失了。如今，除了手边的这些书籍、刻本，几箱南唐手抄本，以及卧室内的十几件夏、商、周三代立国重器之外,她和赵明诚多年收藏的其他文物都零零散散地丢失、损坏了。

想到这里,她的悲伤之情又涌了出来。

"春色再好,无人相赏,终是无趣。"含泪回绝了婢女,她转身写下一首《好事近·风定落花深》:

风定落花深,帘外拥红堆雪。长记海棠开后,正是伤春时节。
酒阑歌罢玉尊空,青缸暗明灭。魂梦不堪幽怨,更一声鹈鴂。

伤春时节,红蕊堆砌,如同梦中愁怨,缠绵不断。

与此同时,一件令李清照敢怒不敢言的事情发生了。赵明诚尸骨未寒,宋高宗身边奸黠善佞的太医王继先居然乘人之危,想要用黄金三百两购买赵家古器物。

李清照听闻此讯,气得一句话也说不出来,只怔怔地指着远方,差点儿昏厥过去。片刻过后,方才缓过神来。

"当真是人善被人欺,赵家落魄之际,都恨不得来踩上一脚,让赵家再无翻身之日!"然而,王太医深得高宗宠幸,她也只能在房内愤愤不平。

"夫人,还是快快想办法,打消王太医的这个念头才好呀!"婢女何尝不知,赵家文物都是赵明诚和李清照的毕生心血,岂容外人如此轻易"抢"去。

李清照稳定心神,不停地踱步思索。忽然,她想到赵明诚的姨表兄谢克家如今身为兵部尚书,在圣上面前尚有进言的机会。于是,她立刻修书一封,并派人将信送给谢克家。

这谢克家是重情重义之人,当他得知王太医有此念头后,还未收到李清照的书信,就报请朝廷加以制止。李清照书信送达之日,宋高宗已经阻止了王太医这一行为。

谢克家随即回了一封书信,请李清照安心。李清照见到此信,自是感念谢克家的恩德,又庆幸躲过了此难。

这时,又有消息传来,言明长江上游已经不能去。李清照见敌势叵测,难以预料,开始思索今后去处。一番思量之后,她决定前去投奔任敕局删定官①的小弟李迒。

李迒是跟随御驾行动的,所以她只好也一路跋山涉水,马不停蹄地追随而去。

金兵一路追打,宋高宗一路奔逃,李清照也一路拼命追赶。

正当她疲于奔命之时,听见有人对赵明诚的议论。

"赵明诚何许人也?当时我亲眼所见,他将一个玉壶投献金人,此等卖国贼,我等不敢苟同。"

"何人出此狂言?简直颠倒黑白,是非不分……是非不分!"李清照在马车中,偶然听得此言,气得几次想下车,当场与之对质。

"夫人莫气,不要与此等宵小之辈计较。若夫人当场与之对质,必中了他们的奸计。"婢女见李清照如此激动,急忙劝道。

李清照听了,怒气稍稍消去。她深知,赵明诚病危时,确实有一个名叫张飞卿的学士携带一把玉壶前来探望。但是,那把玉壶只是看起来像玉所制,其实只是一把石制的壶。更何况,赵明诚只是看了一眼,就把这把壶还给了张飞卿,何谈投献金人?

沉思之下,李清照忽又心惊起来。

婢女见了,疑惑不解:"夫人,这是何故?既知道官人未有此举,又有何怖?"

"如今真相不明,既然有人当街宣扬此事,不免圣上会闻听此说。

---

① 敕局,即编修敕令所,属枢密院,掌管收集诏旨类编成书之事。删定官是其属官。

若圣上相信此言，郎君岂不是无端被扣上一顶叛国的帽子？此等耻辱之事，郎君泉下怎安？"李清照惊惧异常，惶恐地说。

"这可如何是好，夫人可有良策？"婢女一听，也被吓出一身冷汗。

李清照兀自思忖着。忽然，她瞥见轿内的一件古器物，心生一计。然而，转念之间，又不舍地悲叹："唉，不可，不可……"

"什么不可？"

李清照没有回应婢女，只暗自深思。到了家中，她看着室内为数不多的古器物，又拿起赵明诚未完成的《金石录》。刹那间，她想起当日赵明诚被任直秘阁官员时，满面春风的模样。

"难道就让郎君清名毁于一旦吗？这更是万万不可！"

一番思索之后，她为了挽回赵明诚的声名，还是做了一个艰难的决定：将家中所有珍藏的文物都进献给朝廷。做此决定后，她立即出发，继续追赶御驾。

## 追赶御驾，"蓬舟吹取三山去"

**渔家傲·记梦**

天接云涛连晓雾，星河欲转千帆舞。
仿佛梦魂归帝所，闻天语，殷勤问我归何处。

我报路长嗟日暮，学诗谩有惊人句。
九万里风鹏正举，风休住，蓬舟吹取三山去！

李清照再次启程追赶宋高宗之时，又陷入一场持久的"追逐战"之中。

当李清照一路奔波，赶到越州之时，宋高宗又先一步而去，到达了明州。

她带着铜器、手抄本等物，不方便赶路。于是，就将这些铜器连同手抄本一同寄存在剡县，托人交付朝廷，然后只随身携带少数书画、字帖，前往明州。

不料，当她到达四明（山名）之时，明州已经沦陷，而宋高宗在明州沦陷的前一天，就已经乘船出海，前往温州。

直到建炎四年二三月间，她才来到温州。然而，这次又是御舟前脚离开，她后脚才赶到。

她本就大病未愈，一番追赶之下，病情又反复，一时竟无力再次启程。于是，众人便先在此处落脚，稍事休息。

再次停歇之时，她听闻宋高宗曾经在江心孤屿驻扎，心生好奇。

"谢灵运曾作《登江中孤屿》，诗中有'乱流趋正绝，孤屿媚中川。云日相辉映，空水共澄鲜'句。早就听闻江心孤屿山水相抱，风景绝佳，今日在此停留，何不上前一观。"

婢女见李清照好不容易有此心情，甚是欢喜，只当她心结已解："奴婢也听说过，江心孤屿风景绝妙，夫人既然有此雅兴，何不速去游赏。"

随即，她们下榻在西塔近旁的江心寺。客房中，推窗可见江中美景，山水交相辉映，李清照的心情也随之好转。

而后，她开始思索今后去向。听闻宋高宗在定海上船，并下诏命令宗子和嫔妃前往泉州和福州躲避金兵。想到此时婆母的灵柩已经从建康迁到泉州，赵明诚的次兄也在泉州安家，她心中又开始动摇，想经过福州，前去泉州。

当夜睡梦之中，她来到一处地方。只见这里水天相接，晨雾蒙蒙，银河宛如无数舟船,"船帆"舞动,似是天庭。

"堂下何人,意欲何往?"她抬眼望去,竟是天帝在上,分外热情地问自己。

"我乃李家小女,不知何往,只觉前路漫漫,直走到黄昏还未到达归处。"她看着雾气弥漫的前路,一时迷茫。

"大鹏冲天,一日九万里,不妨让它带你去蓬莱三仙岛。"天帝笑道。

不等她回答,一只大鹏从天而来,在她身边落下。她小心翼翼地爬上大鹏的背。眨眼之间,大鹏已经飞出百里。她隐隐约约看到前方仙气缭绕,不知是何处。

正当她欲仔细探看之时,突然惊醒。她睁开双眼,只见漆黑一片,方知是梦。

翌日,当她正在规划前往泉州之事时,又传来金兵攻破明州、定海,宋高宗打算前往越州的消息。她为了追寻宋高宗,只好也前往越州。

到了越州,她在钟氏门下暂居。

不料,又有坏消息传来:剡县发生暴乱,动乱中她寄存的文物落到一位李将军手中,如今文物都已经下落不明。她听闻此事,心痛不已。"我和郎君一生心血,如今又遭痛失,这可如何是好?"

一番痛苦过后,她又想起现存的五六箱文物。她急忙回到卧房,一一查看这些文物,再也不敢轻易将其交付他人。就连夜晚安寝,也要把它们安置在床下。

没想到乱世之中,人心险恶。一日她出门,回来时发现墙上平白被钻了一个洞,而她仅存的几箱文物不翼而飞。

她顿时心急如焚,立刻张贴布告,言明愿意重金悬赏,以寻回宝物。

"夫人且看,这些是否是夫人遗失之物?"没想到,她刚贴出布告,邻居钟某就拿着十八卷字画前来讨赏。

李清照看了一眼这些字画,确定都是自己先前遗失的,顿时她明白了,原来盗贼就在她身边。"如今真是墙倒众人推呀!"虽如此想着,她却不敢惹恼钟某,只好央求他,害怕他毁掉仅存的这些文物。

钟某见此状,竟然高价出售这些文物。无奈之下,李清照只好花重金买回了一部分文物。而剩下的那些东西,估计早已被钟某转手卖出去了。

李清照抚摸着仅存的字画,悲痛万分。"郎君呀,恕我无能,无法保住那些珍贵文物。"言罢,泪流满面。

## 指桑骂槐,"新室如赘疣"

**咏史**

两汉本继绍,新室如赘疣。
所以嵇中散,至死薄殷周。

家乡早已沦陷,文物也所剩无几,李清照整日以泪洗面。每到黄昏之时,她都倚窗凝望着北方,遥想家乡境况。

"不知有竹堂可安好,闺楼那株红梅是否绽放?"其实,她心里知晓,汴京早已沦陷,李家府邸或许早已不复存在,却始终不愿承认。然而,让她万万想不到的是,不久后就从北方传来建立"伪齐"政权的坏消息。

建炎四年(1130)九月初九,济南知府刘豫投靠金国,被金人封为傀儡政权"大齐国"的"皇帝",建都大名府,使用金朝"天会"年号,并将自己的儿子刘麟封为太中大夫,提领诸路兵马兼济南知府。

李清照看着这封书信,满眼都是讥笑之意。"此等弃城出逃的鼠辈,竟堂而皇之称帝,这天下有何道理可言?"

婢女疑惑,问道:"夫人在说谁?"

李清照冷笑道:"我们大宋的济南守臣刘豫,成了金人封的皇帝。"

"金人为何要封大宋守臣做皇帝?"婢女诧异。

"此人本为河北西路提刑官,后来在金兵南侵的时候,他为了自保,居然弃职而逃,简直没有一点儿气节,当真……"李清照忽又想起江宁之事,话说到一半又咽了下去。

"既然此人是鼠辈,金人又为何封他为皇帝呢?"婢女看到她欲言又止的样子,也猜到几分她的心思,只说刘豫这人,不谈其他。

"金人必定有他们的小算盘,恐怕刘豫只是他们手中的傀儡,想利用他破城。"李清照早已看透,"只不过刘豫身在其中,只贪图皇帝之名,享受权力之乐,甘愿被操纵而已。"

"夫人在说何人,莫不是济南守臣刘豫?说来小人还与他是同乡呢。不过,这个人品行不端,乡里的人都知道。早在他少时读书时,就经常偷拿同学的白金盂和纱衣等物,众人都以此为耻。"一个下人听到李清照和婢女的对话,忍不住说道。

"果然是无耻之人!真乃大宋之不幸。"婢女听了,对此人十分鄙夷。

"汉高祖刘邦建立西汉,刘秀建立东汉,东汉继承西汉,刘秀这样的统治者才是中兴之主,而王莽建立的新朝就像人身上无用的毒瘤,最后必然会被摘除。若每位圣上都能成为刘秀那样的中兴之主,而不是闻敌逃匿,国家又何至于灭亡呢?"李清照看着窗外,似乎是在回答下人的话，又似乎是想说给其他人听。

婢女不解，于是静静地和其他下人退下，给李清照留了一方安静的天地。

她一时兴起，提笔写道：

两汉本继绍，新室如赘疣。
所以嵇中散，至死薄殷周。

"想曹魏时，'竹林七贤'之一的嵇康为了揭穿司马氏宣扬儒教以篡国的阴谋，竟然转而崇尚老庄，以隐而不仕的行动来表明自己不与司马氏等人同流合污。此等气节，何尝不是今人所缺失的？"

一时间，她想到嵇康与曹魏宗室既有同乡之谊，又有姻亲之好，这和她与赵宋宗室的关系何等相似。

"只可惜，我身为一介女流，如今又只剩我一人，就连郎君所嘱托的遗物我都无力保留，又有何种办法改变朝局呢？"

李清照越想越感到哀伤，她长叹一声，关上窗，和衣躺在床上。窗外的风景即使再美好，如今的她也没有心情欣赏。

此时更让她忧心的是，自己该何去何从。她这一路追赶御驾，却到今日都未曾见到圣上一面，准备进献的器物也都遗失或被偷盗去了，她竟不知今后自己的命运如何。

不久，她的小弟李远传来消息，于信中道："御驾欲往临安，或可在临安停留数日，姐姐可来临安一聚。"

李清照看到书信，先是欣喜，后又生出几分担忧。欣喜的是，奔波良久，她终于要见到小弟李远。然而，更让她担忧的是，她不知这次是否能够追上高宗一行。

## 临安安居,"病里梳头恨最长"

> **春残**
>
> 春残何事苦思乡,病里梳头恨最长。
> 梁燕语多终日在,蔷薇风细一帘香。

"娘子可知,山阴美景尤为出名,日后你我定当前去一游。"

"自是乐意奉陪。七百多年前,王羲之与众多文人墨客在兰亭集会,流觞曲水,甚是惬意。他的《兰亭集序》也是因此而作,若此生能瞻仰兰亭风貌,那该是多好的事啊!"

临行前,李清照想到赵明诚在世时,曾经多次谈到享有"天下行书第一"之誉的《兰亭集序》,也多次想象当时王羲之等众人集会唱和的盛况。每每谈起越州,他们都渴望到此一游。

如今,她如愿以偿,来到了越州,枕边人却早已不在。初到此处,她心情尚好,也曾寻访王羲之集会之兰亭。却不承想,就是在这山清水秀、景色宜人的越州,她随身携带的几箱文物竟又被偷盗了。

更可惜的是,那幅赵明诚亲自题写跋语的《赵氏神妙帖》也被贼人偷走。李清照每每想到此,都悲恸不已。

长此以往,她的身体在这钟灵毓秀之地竟没有得到半分休养,反而更显病态。郁郁之下,她竟然生出绝望之意。

直到她收到小弟李迒的书信,决定前往临安与之团聚,脸上才出现了一丝喜色。

"夫人,东西收拾得差不多了,我们还是早些出发吧!"婢女见她怔怔看着眼前的住所,兀自发呆,生怕她的伤心事又被勾起,连忙催促道。

她回过神来，在婢女的搀扶下上了马车。

"夫人不必忧心，如今李小官人备受官家重视，此去投奔，定能寻得一安身之所。"婢女看到她忧心忡忡的样子，开口宽慰道。

自圣上驻跸越州开始，就将越州改名为绍兴。在此前后，圣上曾经数次下诏褒奖元祐忠贤。因此，她的小弟李迒备受圣上重视。想到这里，她心里稍稍感到安慰。

其实，与之前相比，这两年不论是李家还是赵家，情况都出现了转机，赵、李等亲眷也都在仕途上有所出路。是以，李清照又生出几丝欣慰。

建炎五年（1131）春，宋高宗到达临安不久，李清照在小弟的安排下也来到了临安。

一到临安，李迒便派人将李清照带到了住处。这里临近池塘，院内芳草萋萋，花木繁茂，甚是清新雅致。她自知李迒了解她的习性，也看到了李迒在其中的用心，感动异常。

收拾一番，她安然在此歇下。每日在庭院读书、吟诵诗词、研赏仅存的一些书画，心中也颇感闲适。

这晚，她见园中月色甚好，忍不住出来观赏。

"咳……咳……咳……"刚打开房门，一阵寒气便透了进来。她大病未愈，自是受不住，一时咳嗽不止。

"夫人，还是快些回屋吧。虽已到晚春，但夫人身子一直未好，又怎能在此吹风呢？"婢女见了，连忙劝阻道。

"未承想竟病弱至此，当真是老矣。"她哀叹一声，无奈地关上了房门，径自斜靠在床头，任忧思涌上心头。

她一边想着，一边吟出四句题作《春残》的诗：

春残何事苦思乡，病里梳头恨最长。

梁燕语多终日在，蔷薇风细一帘香。

少顷，忽然听到有人敲门。"咦，竟有客人来访？定是小弟前来探望。"她欣喜，起身开门。

忽然，她又想到，今日之境况，就算有客人来访，酒宴也是冷清寂寞。昔时她和赵明诚在江宁举办家宴，热闹非凡，如今再也没有那样的好心情了。

打开门，来人果然是小弟李远。

"姐姐，我今日公务繁忙，未能及时迎接你，莫要见怪！只是不知姐姐可喜欢这个庭院？"李远一进门就问。

"甚是喜欢，只是又劳烦你了。"李清照终于见到小弟，自是欢喜，再加上想到小弟为她安排的一切，她深觉感激。

"你我姐弟之间何须言谢，你喜欢就好。如今你我团聚，务必宽心，莫要胡思乱想，养好身体为上。"李远知她这一路辛酸，更怜惜她自姐夫去世后一直病着，没有痊愈。

听见这番话，李清照双眸又不知不觉泛上泪光。

"看，我带来了在汴京时母亲亲自酿的青梅酒，快莫要伤心了，你我姐弟今晚一醉方休才好！"李远见她泪水又要滴下来，赶紧拿出带来的青梅酒，笑着说道。

李清照看到熟悉的青梅酒，转悲为喜，脸上有了笑意。她请小弟坐下，两人对饮叙谈。

# 第十二章　误遇"中山狼"

## 病中再嫁，所遇为良人？

> **菩萨蛮·归鸿声断残云碧**
>
> 归鸿声断残云碧，背窗雪落炉烟直。
> 烛底凤钗明，钗头人胜轻。
>
> 角声催晓漏，曙色回牛斗。
> 春意看花难，西风留旧寒。

绍兴二年（1132）初夏，在思乡和悼夫双重悲戚的折磨下，李清照的病情日趋严重。春天刚刚过去，李清照越来越觉得心神不宁。不久，她便高烧不退。

李远见此情景，慌了手脚，不知如何是好。他请来数位大夫为她看诊。可是，每位大夫诊完脉，都无奈地摇头，甚至嘱咐李远早些准备李清照的身后事。

"我不信，你们这群庸医，出去……都出去……"李远见大夫都这样说，心中害怕至极，他不愿意相信这些大夫的诊断。

"小官人，莫要动怒。不妨听大夫一言，先准备夫人身后事宜，或许等一等，夫人病情会有所好转呢？"李清照身边的婢女出言劝慰。

李远知晓婢女的好意，但是这样的话他总觉得刺耳，就不理会这些事，依旧一心照料李清照。

　　然而，接连三天，李清照水米未进，仅存一丝气息。李远没了主意，他想起婢女的话，只好叫人准备后事。

　　接下来的几天，下人筹办起了李清照的后事，就连棺材和入殓所用的灰、钉都准备妥当了。李远看着床榻上身体未有任何起色的李清照，不免痛哭起来。

　　这时，一位媒人前来，自称受张汝舟所托，代为呈上一纸求婚的"官文书"。

　　"听闻令姊病重，官人甚是悲痛，特意请我前来告知，他仰慕令姊已久，想要以此冲喜，或可让令姊病情减轻。"媒人上前，说明来意。

　　李远一听"张汝舟"这个名字，就觉得好生熟悉。细细思索一番，他想起自己早在太学时，就听到过张汝舟的大名。

　　当时张汝舟身为言官，能够做到直言进谏，并且对改良吏治颇有见解，因此他的进谏之言圣上大多采纳。

　　建炎三年，张汝舟为明州知府时，曾经接驾过宋高宗。其接待简省，既不奢靡，又很体面，宋高宗颇为赞许。

　　想起这些事情，李远顿时眼前一亮。他迫不及待地打开这封"官文书"，一口气读完，只觉得文辞恳切，情深意重，不觉更加欣喜。

　　"此名如雷贯耳，如雷贯耳！且待我问过家姊，再做打算！"回完媒人，他迫不及待来到李清照榻前。

　　"姐姐，你能听到吗？如今张汝舟前来求婚，我深知此人同姐夫般有经世之才，且见他文辞恳切，更是令我信服。不知姐姐是何意？"

李清照恍惚间听到弟弟在和她说话，想要应声，却无半分力气。她使尽浑身力气，想要醒来与小弟分说。但最终双眸微张，难以分辨眼前人，更不必谈开口说话。

李迒无奈，一再轻声呼唤，然李清照再无反应。他一边哭着，一边反复阅读张汝舟的求婚书：

久慕易安居士之雅望，愿为禳灾祛疾，以合百年之好……

如此云云，李迒愈觉感动。

"如今姐姐昏迷数日，毫无转醒之意。我何不大胆一试，或许此法可解。"再三思虑之下，他独自做了这个决定。

媒人见李迒应允，立即将这个消息告诉了张汝舟。张汝舟高兴至极，又奉上拜帖，希望可以进府照料李清照。

李迒见张汝舟如此体贴，便答应了下来。见面伊始，张汝舟不仅对李迒甜言蜜语，百般奉承，而且日日在病榻前侍候李清照，无微不至。

李迒见张汝舟言辞间似乎并没有传闻般廉洁威风，甚至有些市侩之气，渐渐起了几分疑心。不过，他见张汝舟日日细心照顾姐姐，又觉得或许是自己想多了。

直到这日，李清照悠悠转醒。李迒见了，喜不自胜，连忙将这件事情告诉了她。

"姐姐，你终于醒了，可着实吓死我了。姐姐，我有一事要同你说，前几日你病情加重，几欲丧命，我甚是担忧焦急。恰逢一位叫张汝舟的人，送来求婚书，文辞恳切，令人感动。我一心想要为你冲喜，盼你早日转醒，便答应了这门婚事。"

李清照听闻此言，甚是诧异。她挣扎地问道："张……汝舟……

何许人也?"

"姐姐莫要担心,我在太学时就听到过他的大名,他为官期间,甚是廉洁,并且功名卓著,举止才学与当年的姐夫不相上下。"

李清照听罢,刚要开口说什么,又感到一阵眩晕,随即又陷入昏迷之中。

"姐姐……姐姐……"李远呼唤无果,又掩面哭泣。

之后,李远又延请临安名医为她精心治疗。与此同时,他开始准备姐姐的大婚事宜。

不久,李清照竟然奇迹般地好转了。李远见此,只觉得这门婚事当真奏效,能使姐姐转危为安,因此高兴不已,更加快速地准备姐姐的婚事。

这日,李清照在昏昏沉沉中被李远送上了花轿,嫁进了张府。

到了张府,李清照的神志才慢慢清醒过来。她虽然在病中,知晓自己嫁给了张汝舟这件事情,但是至于张汝舟到底是何种人品、性情,她一概不知。

起初,她依旧在病榻之中,无法起身。只觉得张汝舟日日守在榻前,端茶送药,甚是殷勤。但是,在这看似美好的婚姻中,她总是觉得有些惴惴不安。从张汝舟的言行举止来看,他似乎并不像小弟说得那般文雅、高洁,反而有几分轻佻、猥琐。

更让她感到奇怪的是,张汝舟的家人似乎平时并不唤他这个名字。李清照心中的不安感越来越强烈,她不知道眼前的这个人到底是不是她后半生的"良人"。

## 婚后生活,良人竟为"中山狼"

> **添字丑奴儿·窗前谁种芭蕉树**
>
> 窗前谁种芭蕉树,阴满中庭。
> 阴满中庭,叶叶心心,舒卷有余情。
>
> 伤心枕上三更雨,点滴霖霪。
> 点滴霖霪,愁损北人,不惯起来听。

婚后,李清照虽然病体好转,但始终隐隐有些担忧。果不其然,只过了两个多月,张汝舟便露出了他"中山狼"的真面目。

这日,她将仅存的一些书画文物拿了出来,一一细心赏玩。就在她感叹大部分文物丢失的遗憾之情时,张汝舟突然冲了进来。

"娘子,快让为夫看看这些文物。"张汝舟看见这些文物,再也遮掩不住他贪婪的面目,一把将李清照手上的手抄本抢了过去。

李清照又惊又惧地看着张汝舟。

"看什么看?如今你我已成夫妻,你的就是我的,怎么,我还不能拿了吗?"张汝舟怒喝道,随即拿着这本手抄本走出屋外,"这本手抄本看上去年代久远,定是宝贝,必然能换不少银钱!"

李清照听着他一边走一边说着无耻之语,顿时悲愤难平。

"没想到,所谓'良人'竟是'中山狼'!"

从此以后,张汝舟经常明目张胆地从李清照手上抢夺文物。若李清照不给,他便拳打脚踢,无所不用其极。

"你既说夫妻一体,又何须如此着急抢夺,这般行径与强盗有何异?"一次,李清照忍不住吐出此言。

没想到，张汝舟听了，对李清照一阵毒打，恨不得把她置于死地。直打得李清照仅存一口气，他才住手，又随手抢夺了两件文物，方才离去。

李清照奄奄一息，蜷缩在床上，竟连哭的力气都没有了。

李远听闻此事，悔不该当初，整日担心李清照，想要前去探望。可是，张汝舟却屡屡以李清照身体不适，不方便见客为由，阻止他入内。

李远没有办法，只急得团团转。这时，朝中的一位好心人提醒他："我劝你好好查查这个张汝舟的底细，只怕此'张汝舟'非彼'张汝舟'啊！"

他听了，不由心惊，立刻派人打探。

原来，这个"张汝舟"真的不是李远所知道的那个闻名遐迩、为官清正的明州知府。眼前的这个"张汝舟"只是一个无名之辈。

听到这些消息，李远只感到五雷轰顶，犹如五内俱裂，肝肠寸断。

"……都是我轻信了小人……才让姐姐落得如此境地……"他哭得上气不接下气，不知道该如何是好。

"小官人先莫要悲伤，当务之急，是要赶紧想办法将此事告诉夫人，共同商讨良策，帮助夫人逃离火坑呀！"婢女急言。

李清照平日对待下人宽容至极，不曾有半分苛责。如今她落入"火坑"，下人也都万分心急，想要搭救她。

李远这才恢复理智，开始谋划如何进入张府搭救李清照。思虑良久，他匆匆派人延请了一位名医，一同赶到张府。

"张汝舟"知晓此事，立刻出门迎接，并依旧用之前的说辞阻拦李远。

"小弟前来，我高兴至极。只是如今内人病情未好，还在调养，不宜见客，还请小弟改日再来吧！"

李远并不理他,只是故意大声在门口说道:"这天下竟有这等事,家姊病重,我携名医前来探望,竟然受到阻拦,想来怕是有人居心叵测,不想医治家姊,这是打算要人性命呀!"顷刻,张府门前聚集起了看热闹的百姓,他们听了这番话,纷纷指责"张汝舟"。

　　"张汝舟"见此情景,没有办法,只好把李远让入家中。李远立即带着名医直奔李清照卧房。

　　进入卧房,李远见李清照奄奄一息,躺在床上,身上到处都是伤痕。他顿时痛哭起来:"姐姐……都是我害了你……都是我害了你……"

　　李清照看到李远,泪水也止不住往下流。她用尽力气,拍了拍李远的肩膀,说道:"远儿莫哭……姐姐不怪你……不怪你……"

　　哭了许久,两人才渐渐止住眼泪。李远想起此行目的,连忙请名医为李清照诊治。诊治间,他将"张汝舟"的"事迹"一一告诉李清照。

　　其实,博学多识又善于思考的李清照在与"张汝舟"相处的这几个月中已经猜到几分"张汝舟"官职的来历。因此,当她听到李远所言,脸上并无多少诧异的神色。

　　一番商讨后,李远询问李清照作何打算。李清照沉思片刻,坚定地说道:"我要状告他,然后与他和离!"

　　李远本想阻止,可是话未说出口,又疼惜起遭受如此非人待遇的姐姐,想着她早日跳出这个"火坑",才是最好的办法。

　　"姐姐,我定当全力助你!"他看着李清照,下定决心。

　　李清照紧握小弟的手,点了点头。

## 状告亲夫，不与"下材"同流污

> **摊破浣溪沙·病起萧萧两鬓华**
>
> 病起萧萧两鬓华，卧看残月上窗纱。
> 豆蔻连梢煎熟水，莫分茶。
>
> 枕上诗书闲处好，门前风景雨来佳。
> 终日向人多酝藉，木犀花。

经过一段时间调查，李家彻底掌握了这个"张汝舟"的底细，弄清了这是一个彻头彻尾的骗子。

"张汝舟"本为军队中的小吏，没有什么才干，只有一张巧舌如簧的嘴。他屡试不第，只好趁着兵荒马乱之际谎报考试次数才混上了八品小官，成了负责核准军队粮草和军士俸禄的官吏。

宋朝之初，录用官吏的标准十分严苛。那时，"初出身"，即新上任的官吏，不仅要写明年岁，还要详细记述自己的形貌，如紫棠脸、皓齿、大眼、五短身材……以此来防止有人伪冒官吏。

但到了北宋末期，这个制度就被废弃了。更何况李清照嫁入张府后，宋朝已经进入南宋时期，又经靖康之乱，宋高宗一路南下逃亡，这些制度更是形同虚设。一时之间，承袭伪冒、欺世盗名的人不在少数。

"如此小人，定不能容。姐姐，我一定想办法让你与他和离，使你不再受其所累。"李远见她已经下定决心和离，心中开始盘算如何了结此事。

"小弟莫慌，我们要办成这件事情，首先需要找到一位能够偏向我们的官员。"李清照身在大宋，自然知晓妇女的名声远比性命还重要。如果贸然告状,强行与"张汝舟"和离,必定要受两年的牢狱之灾。因此,她也在细细思索何人可以帮助他们。

"姐姐,我倒想起一人,或许可以帮助我们。"李远高兴地说道。

"是何人?小弟快快说来!"

"此人是姐夫的姑表兄弟綦崇礼,他现在可是圣上身边的一流人物,一定能助我们渡过此关。"

"犹记得建炎三年,金兵穷追不舍,圣上不得已四处逃避,便问何人可相从。然众位大臣不是称病不从,就是说不便前往,最终只有几名高级官吏相从,其中便有綦公。如今看来,綦公此人,赤胆忠心,乃真英雄也!"李清照一路南下,途中也曾听过綦崇礼的事迹,对其敬佩非常。

"确是如此。想来若我们能找綦公诉说此事,定能免去姐姐的牢狱之灾。"李远看到了希望,不由得生出了笑意。

李清照亦是欣喜。于是,她一面让小弟向綦公求援,一面自己诉写状纸,告发"张汝舟"私自谎报考试次数,并顶冒张汝舟之名骗取如今之官职。写毕,她将这一纸状书递到了大理寺。

"娘子,为夫知道错了,娘子莫要再告为夫了,今后你我二人夫妻同心,共同携手到白头,可好?""张汝舟"知晓此事,愤怒不已,恨不得立刻亲手结束了李清照的性命。但是,如今状书已经递到了上面,他只好假意哀求李清照,希望她能放弃状告他。

"待我拿回状书,看我如何调教你。"他在李清照面前满脸堆笑,心里却早已生出阴险歹毒之意。

李清照何等聪颖,怎会看不出他这番心思。于是,她只闭口不言。"张汝舟"见此,随手拿起茶杯就要砸过去。

"住手!还请张官人前往大理寺一趟。"恰好此时官差奉命来捉拿"张汝舟",拦下了他这番举动。接着,官差将"张汝舟"和李清照一同带到大理寺。

到了大理寺,大理寺正见了李清照,使了个眼色,叫李清照安心。李清照便知,定是綦公主持公道,帮了自己。

她心中有了底气,自是不再畏惧。在大理寺正面前,她一一将"张汝舟"的罪行揭露,言之凿凿,无一隐瞒。

大理寺正听了,满脸怒气,欲惩罚"张汝舟"。"张汝舟"此时已经吓得面色惨白,直呼"冤枉"。大理寺正未听他言说,便下令将"张汝舟"押入牢中,待上禀后处置。

李清照听见此言,喜极而泣,直感谢寺正公正。随后,她又说道:"寺正在上,如今'张汝舟'此番行径,非大丈夫所为,我为此不齿,不愿与其同流合污,望寺正恩准,让我与他和离,从此再无瓜葛。"

大理寺正早已从綦公那里得到口信,要帮李清照一把,因此李清照此言也在他预料之中。只是,如今大庭广众之下,他尚不能当堂赦免李清照自行和离之罪。

"你可想清楚了,律法规定,女子擅自提出和离,可是要判处两年牢狱之刑。"

李清照相信小弟的办事能力,更相信綦公的人品,并且她此刻宁愿在牢狱中待两年,也不愿意与"张汝舟"相处一刻。因此,她立刻坚定应道:"民女已想清楚,还望寺正应允。"

大理寺正见此,让官差也将李清照暂时押入牢中,等候处置。

数日后,"张汝舟"被流放柳州。綦公又派人一番周旋,再加上大理寺正从中帮忙,李清照才摆脱牢狱之灾。

"这阳光甚暖,照得人心暖意洋洋。"虽然只在狱中待了九天,但是重见天日的李清照却觉得这段时间甚是难熬,犹如过了数年。如今,万事皆妥帖,她竟有获得重生之感。

"姐姐!姐姐可受苦了?"李迒知晓今日李清照出狱,早已在牢狱门口等候。见李清照出来,他忙将李清照扶入车中,关怀问道。

"无妨,并未受苦!"李清照露出笑颜。姐弟两人回到李府。

## 离异之初,"门前风景雨来佳"

> **摊破浣溪沙·揉破黄金万点轻**
>
> 揉破黄金万点轻,剪成碧玉叶层层。
> 风度精神如彦辅,大鲜明。
>
> 梅蕊重重何俗甚,丁香千结苦粗生。
> 熏透愁人千里梦,却无情。

一番斗争之后,李清照终于摆脱了"张汝舟"这个"中山狼",内心觉得无比舒畅。她回到李远之前为她准备的庭院,即便院内已有几分秋天的萧瑟之感,但是她的心情却如寒冬过后的暖春,温暖异常。

"姐姐,身体可好些?前日我看姐姐所服药物剩得不多了,所以又特意买了几服过来。"李远见她气色有所好转,也感到高兴。他时刻都想着赶紧调理好姐姐的身子,不让她再遭受病痛之苦。

"好多了,又劳你挂心了。只不过,秋高气爽,竟有几分出游之意,小弟可有时间一同游赏?"心情好了之后,李清照又生出游赏之意,想要看一看外面的风景。

李远听了,不但笑意骤然消去,而且添上了几分紧张的神情。但紧张的神情只略微露出一瞬,又勉强笑着说道:"姐姐身子还未大好,还是听从大夫嘱咐,好生休养一段时间才好。"

李清照刚要说不必担心自己的身体，兴许走一走会更精神些。李远又慌忙道："更何况，这段时间我公务繁忙，无暇顾及姐姐，实在不放心你独自出游。"

李清照见他神情有些紧张，内心感到疑惑。但是，李远似乎没有往下说的意思，她略停顿了一下，只好作罢。

"好吧，就听你的。"

李远见她断了出游的心思，不由得松了一口气。陪她用过午膳，李远才匆匆离去。临走前，他还特意私下叮嘱了她身边的婢女一番。

"小弟同你说了什么，如此神神秘秘的？"待李远走出门外，李清照便迫不及待地问身边的婢女。

"没什么，只说好好照顾夫人，叮嘱夫人按时服药，夫人不要太过担忧了，养好身体才是最重要的。"婢女的神情也有一丝紧张，却没有说出实情。

李清照心中更是疑惑，她见婢女并不多言，便知晓这事并非如此简单。

"既然小弟有意阻拦我出游，定是外面有什么不想让我知道的东西。"如此想着，她开始盘算出门探寻事实的办法。

这日，趁婢女不注意，她走出了大门。看着大街上熙熙攘攘的人群，她更加急切地想知道真相。

然而，她刚在街上走了一会儿，便听见了很多闲言碎语。

"这就是那个与丈夫和离的女子吧？竟然做出这等大逆不道之事，竟还有脸面出来。"

"正是如此，竟然敢状告丈夫，真是不知羞耻。"

"快走吧，快走吧，让自家丈夫见了，定要说我们不守妇道，竟与这样的女子同街而行。"

原来，小弟李远百般阻拦她出门，竟是因为外面传播着如此不堪的流言。李清照听着这些不堪入耳的话语，才知晓李远的用意。

"家国摇摇欲坠，我怒休恶夫居然成了笑话，这世道竟如此荒唐？"她一边想着，一边强忍着悲愤，缓步回家。

婢女见到她不快的模样，便知晓她听到了那些流言，连忙将她搀扶到屋中坐下。

"夫人莫忧心，那些爱嚼舌根的人胡乱说的话不值得听，夫人莫要为此伤神。"

"无妨，你先下去吧。"李清照口中说着无碍，面色却越来越难看。她支走下人，独自走向窗前。

外面，桂花金光灿烂，绿叶仿若用刀裁制而成的碧玉，分外飘逸。浓浓的花香随着秋风而来，直熏得人微醉。

"想晋代名士，王衍和乐广，身在乱世，却能做到'清己中立，任诚保素'，其气节就如眼前这桂花般，风流飘逸。"

转念，她又想到自身境遇，以及如今世道，又生出一番感叹。

"可如今，家国岌岌可危，官吏却依旧以己身利益为重，纷纷逃离，没有半分保卫家国之意。城中百姓似乎从不抒发兴亡之叹，口中只有女子之贞洁与礼节，迂腐至极。"

在这家国之乱中，百姓关心的不是家事、国事，而是那些腐朽规矩，李清照为此感到悲哀。

她的内心更添一分悲戚。她虽然清新文雅、不拘一格，但是在这深闺之中，却不得不被礼教束缚，其中辛酸无人可解，也难有人体谅。

"也罢，一路风雨都过去了，这点流言若藏于心，只不过平白累己而已。"

说罢，她写下一首《摊破浣溪沙·揉破黄金万点轻》：

揉破黄金万点轻,剪成碧玉叶层层。风度精神如彦辅,大鲜明。梅蕊重重何俗甚,丁香千结苦粗生。熏透愁人千里梦,却无情。

梅花终日只会把自己打扮成艳俗女子;丁香整日簇拥在一起,无比小气;桂花虽雅致,但浓重的香气却分外恼人。只是,不知无情的是这些花儿,还是世俗的凡人。

# 第十三章　金华赞英雄

## 赞颂使臣，"欲将血泪寄山河"

> **上枢密韩肖胄诗二首·其二**
>
> 想见皇华过二京，壶浆夹道万人迎。
> 连昌宫里桃应在，华萼楼前鹊定惊。
> 但说帝心怜赤子，须知天意念苍生。
> 圣君大信明如日，长乱何须在屡盟。

绍兴三年（1133），一个好消息令李清照振奋不已。这年春夏间，同签书枢密院事（枢密院副长官）韩肖胄奉命出使金国，探望被俘在金国的宋徽宗赵佶和宋钦宗赵桓父子。这一次出使，不光意味着局势有所缓和，还给了李清照以及所有大宋子民一份光复祖国、收复失地的希望。

对于屡遭挫折的李清照来说，这是一个十足的好消息，在这位才女心中，家国情怀远高于自身的幸福。

"远儿可知韩公一行人何时启程？"李清照难掩激动之色，一心想要得知韩肖胄出使金国的事。

"姐姐如此激动，定是想要拜访韩公了，不妨我递上帖子，我们同去韩府拜访。"李远知晓李清照心中的崇敬之意，如今他在圣上身边，颇得赏识，自是想要满足李清照的愿望。

"韩公之曾祖父韩琦在仁宗、英宗、神宗三朝为相，祖父韩忠彦在徽宗建中靖国为相。我们的祖父和父亲都曾经得到过他们的举荐，可以说都是他们门下之人，我自是想拜访一二。然而想到如今家门衰微，爹爹亦早已过世，怎敢登门拜见。"李清照的敬佩之意不在话下，然而她却自觉身份低微，只敢私下默默瞻仰。

李远深知，李家如今不似从前，即使他在朝为官，也不似大宋繁华之时那般风光。金兵来犯，大宋却日益衰微，他渴望建功立业，然而凭借他一己之力却无法改变时局。

"姐姐此话当真说到了我心里。想昔时，大宋国力何等强盛。然今时今日，被金兵步步紧逼，又何等狼狈。只求这次韩公等人出使金国，能够带来转机。"

"自是如此，我心中称职的官是爱惜国家的每一处江山、每一份钱财，为我大宋扬威的人。而我坚信，像韩公这等宁死不屈之辈，定能像韩家祖辈般贤良、威严，不负众望，为我大宋争得光荣。"

李远听姐姐这一说，也恨不得随韩肖胄一行人而去，弘扬大宋国威。

"若我上阵杀敌，誓叫金兵不敢上前分毫，宁死不让国土分寸。"李远眼中似有千军万马，恨不得立刻修成岳飞这样的名将，直叫金兵谈之色变，不敢直视。

李清照看着小弟目光如炬，着实欣慰。大宋重文轻武，稍遇侵犯，便立即和谈，以至于此时大宋国土残破，敌军却气焰嚣张。

"小弟莫要妄自菲薄，小弟虽然出身于书香世家，不会舞枪弄棒，但是一样大有可为。其实，正如巧匠眼里没'无用之材'一般，除了读书人和被免官的人，还有那些被称为'樗栎'和'无用之才'的草野之人，而往往是这些人在关键时刻起到了很大的作用。"

听了这番话，李远深觉受益，更觉得姐姐不同于凡夫俗子，在家国大事上一向有自己的见解。

"若姐姐为男儿郎，定能成为国之栋梁，守护大宋疆土。"如此想着，他心中的一腔热情更加高涨。

李清照见此，只拍了拍他的肩膀，说："此时有感，定要作诗以和，小弟且随我来。"

言毕，她走进书房，提笔写下一首长诗。

绍兴癸丑五月，枢密韩公、工部尚书胡公使虏，通两宫也。有易安室者，父祖皆出韩公门下，今家世沦替，子姓寒微，不敢望公之车尘。又贫病，但神明未衰落，见此大号令，不能忘言，作古、律诗各一章，以寄区区之意，以待采诗者云。

## 上枢密韩肖胄诗二首·其一

三年夏六月，天子视朝久。凝旒望南云，垂衣思北狩。如闻帝若曰，岳牧与群后。贤宁无半千，运已遇阳九。勿勒燕然铭，勿种金城柳。岂无纯孝臣，识此霜露悲。何必羹舍肉，便可车载脂。土地非所惜，玉帛如尘泥。谁当可将命，币厚辞益卑。四岳佥曰俞，臣下帝所知。中朝第一人，春官有昌黎。身为百夫特，行足万人师。嘉祐与建中，为政有皋夔。匈奴畏王商，吐蕃尊子仪。夷狄已破胆，将命公所宜。公拜手稽首，受命白玉墀。曰臣敢辞难，此亦何等时。家人安足谋，妻子不必辞。愿奉天地灵，愿奉宗庙威。径持紫泥诏，直入黄龙城。单于定稽颡，侍子当来迎。仁君方恃信，狂生休请缨。或取犬马血，与结天地盟。胡公清德人所难，谋同德协心志安。脱衣已被汉恩暖，离歌不道易水寒。皇天久阴后土湿，雨势未回风势急。车声辚辚马萧萧，壮士懦夫俱感泣。间阎嫠妇亦何知，沥血投书干记室。夷虏从来性虎狼，不虞预备庸何伤。衷甲昔时闻楚幕，乘城前日记平凉。葵丘践土非荒城，勿轻谈士弃儒后。露布词成马犹倚，崤函关出鸡未鸣。巧匠何曾弃樗栎，刍荛之言或有益。不乞隋珠与和璧，吸乞乡关新信息。灵光虽在应萧萧，草中翁仲今何若。遗氓岂尚种桑麻，残虏如闻保城郭。嫠家父祖生齐鲁，位下名高人比数。当时稷下纵谈时，犹记人挥汗成雨。子孙南渡今几年，飘零遂与流人伍。欲将血汗寄山河，去洒东山一抔土。

### 上枢密韩肖胄诗二首·其二

想见皇华过二京，壶浆夹道万人迎。连昌宫里桃应在，华萼楼前鹊定惊。但说帝心怜赤子，须知天意念苍生。圣君大信明如日，长乱何须在屡盟。

一口气写完，李清照觉得心情舒畅，甚是欢喜。李迒读毕，连连叫好，直叹姐姐之才，众人皆不可及。

"但愿韩公等人能凯旋，还我大宋威严！"李清照看着自己所写之诗，默默地企盼。

## 逃往金华，"画楼重上与谁同"

### 浪淘沙·帘外五更风

帘外五更风，吹梦无踪。
画楼重上与谁同？
记得玉钗斜拨火，宝篆成空。

> 回首紫金峰,雨润烟浓。
> 一江春浪醉醒中。
> 留得罗襟前日泪,弹与征鸿。

绍兴四年(1134),经历骗婚风波之后,李清照越来越怀念赵明诚。她日夜研读仅存的几本书画,把玩着仅存的几件文物,无比怀念昔时与赵明诚共赏金石书画的时光。

这日,她拿起赵明诚精心整理的《金石录》,想起赵明诚当时夙夜寻找金石书画,并一一题签、整理的辛劳场景,不禁感叹道:"都怪我无力挽救那些金石书画,以至于身边就剩这些,昔时郎君之夙愿,终究无法实现。"

说罢,她抚摸着《金石录》,泪如泉涌。再次细细翻看书中内容,她又被赵明诚之文采折服。读到赵明诚所写《后序》,她想到这一路逃亡期间发生的诸多事情——大病一场、险象环生,当真如此坎坷。

想及此,她生出一番感慨,提笔也写下一篇《后序》。此序中,她将这一路上遇到的事情一一道来,将所经历的艰辛、所感受的辛酸皆述于其中。

然而,她刚把《后序》写完,墨迹还未干,就得到金国、"伪齐"合兵分道,欲入侵临安的消息。

"姐姐,如今此处凶险,还是前往婺州暂避吧!"李远分外担忧李清照的安危,一得到消息,立刻赶来。

"如今形势如何?我若前往婺州,小弟何去?可危险否?"李清照听闻,内心也万般焦急,同时更担心小弟的安危。

"姐姐放心,圣驾也欲往婺州,到时我们必定会再团聚。如今之计,是赶紧收拾行装,前往婺州。"李远知晓形势严峻,但是他害怕李清照担心,便不想向她言明,只一味催促她赶紧动身。

李清照看李远脸色苍白,知晓形势必定危急,便立刻收拾行装出发,前往婺州。路上,她听着淮河上金兵进攻的警报声越来越近,内心也越来越害怕。

一时之间,江浙一带的人们争相逃命,东边的往西边跑,南边的往北边跑,城里的往乡下跑,乡下的往城里跑。场面一度陷入混乱,所有人都不知道到底该往哪里逃。李清照见此状,惊诧不已。

"世道竟然如此混乱,到处都是流离失所的人,这乱局到何时才能结束?"她在前往婺州的船上悲叹。

李清照等人从临安沿着钱塘江赶路,经过子陵滩,到了婺州。李远早做好了计划,将她们一行人安排在一户陈姓人家中。

李清照刚下了船,便住进陈家,甚感庭院别致,心情也渐渐平静。

"夫人,你可在此安心歇下,小人寒舍虽简陋,但是好在尚有几分雅致,在这乱世之时,或可暂避灾祸。"陈家受了李远的嘱托,热情接待了李清照一行。

"多谢,只是此番前来,多有叨扰,还请见谅。"李清照格外喜欢这清雅的庭院,更是对陈家人万分感激。

"不必客气,李官人曾对我有知遇之恩,这点事情何足挂齿。"陈家人道明原委,安排李清照一行居住在此。

暂时远离战乱,李清照生出几分在此修身养性之意。于是,她日日读书诵文,自在闲适。

这日晚上,长夜漫漫,烛光通明,李清照不禁想起昔时在老家明水镇,常与姊妹、闺友在一起打马娱乐,好生快活。

她突然起了兴致,拿出之前所制作的打马图,准备教婢女打马。

"快过来,今日我教你们一个新鲜玩意儿。"李清照将打马图铺在桌子上,兴致勃勃地说道。

婢女们闻言,都感到好奇,围在桌子旁边,听李清照讲述打马规则。李清照神采奕奕,指着打马图,细细讲着。

恍然间,她似乎回到了老家明水镇。昔日打马情景一幕幕浮现在眼前。

"哎呀!你们又输了,不好玩,每次都是我赢。"

"姊妹们,瞧她得意的样子,我们可不能饶了她。"

"就是,她的软肋在腰间,快,这次定要让她哭笑不得。"

"哈哈哈……哈哈哈……好姊妹……我错了……我错了……别挠了……放过我吧……"

少年时,她每次与姊妹、闺友打马时,她们都玩不过她。每每她得意地炫耀时,姊妹、闺友定会齐齐把她摁住,用手挠她腰间,弄得她每次都哭笑不得,不断求饶。

想到这里,她不禁"扑哧"一笑。

"夫人笑甚?难道是笑我们太笨了,一直学不会吗?"婢女听到笑声,假装嗔怪道。

李清照这才回过神来,连忙笑道:"哪里,明明是你们学得太快了,都要青出于蓝了。"说完,她又继续教婢女们打马。

深夜,婢女散去,她独自躺在床上,思绪万千。

"若能回到少年时,与众姊妹共同饮酒、打马,其乐定无穷也!"

## 游八咏楼,"气压江城十四州"

### 题八咏楼

千古风流八咏楼,江山留与后人愁。
水通南国三千里,气压江城十四州。

金兵和"伪齐"合兵进犯临安，临安危在旦夕。李清照日日等着临安的消息，心中的忧虑越来越深。

"千夫所指，无病而死，若能如此，大宋可有转机矣。"不能上阵杀敌，也不能为官治国，她只能在闺房中诅咒金兵必死无疑。

或许上天听到了她的祈求，不久，一个好消息传来了。"中兴四将"之一的韩世忠将军率兵出征，扼制了金兵的进逼。加之，雨雪交加，粮道不通，金兵没有粮草，竟然杀战马而食，这一举动引得金兵军中怨愤沸腾。

就在金兵狼狈不堪之时，后方又传来金太宗病危的消息。金兵害怕国都发生内变，匆匆撤出了临安。而被立为傀儡皇帝的刘豫，也率军逃遁。没过多久，金太宗病逝，金国一时处于混乱中。

李清照听闻这些消息，顿时感到心情舒畅。不仅如此，此时赵明诚的妹婿李擢任婺州知府，李清照的不少亲友、晚辈此刻也都居住在这里。昼短夜长之时，李清照经常与他们一起打马、饮酒，十分自在。

这日，李清照读到唐朝著名诗人严维所作的诗《送人入金华》："明月双溪水，清风八咏楼。昔年为客处，今日送君游。"

李清照觉得此诗绝妙，内心又涌起对八咏楼的向往。因此，她翻看了许多关于八咏楼的诗篇。

"危峰带北阜，高顶出南岑。中有陵风榭，回望川之阴。"南北朝诗人沈约笔下的八咏楼形象逼真。"排阶衔鸟衡，交疏过牛斗。左右会稽镇，出入具区数。"唐代诗人崔融笔下的八咏楼生动有趣。

读着读着，她更加向往八咏楼。于是，趁自己心中饱含诗兴，她登上了这著名的风景胜地。

当她伫立于八咏楼，向北远眺之时，心中不禁有沈约那般的忧愁，而其中更多的是对大好河山可能会落入敌手的家国之忧。

"汴京沦陷,朝廷一路南下逃亡,然而金兵步步紧逼,先占领建康,后直逼四明,如今又与'伪齐'合兵进犯临安。虽然现在金兵已经撤退,但是朝廷如果不采取应对措施,打过淮河去,收复北方失地,而是依旧卑躬屈膝,讨好敌人,那么这大好江山永远都没有保障,百姓永远都不能安居乐业呀!"

与她同行的姊妹听到她这番感慨,不禁敬佩李清照一身傲骨。然而,李清照言辞毕竟涉及朝廷,因此,姊妹们不得不出言提醒她。

"清照傲骨无人能及,只是此处,行人众多,还须谨言慎行呀!"

李清照何尝不知晓当下局势,更知道自己的言行对朝廷有所冒犯,但是此刻身在八咏楼之上,她那忧国忧民的心绪怎么也忍不住了。

只见她轻拂鬓上的白发,发出一声冷笑。随即,她目光深沉,正色道:"晚唐时期,钱镠称吴越王时,诗僧贯休曾经投诗相贺,诗中所云'十四州',而钱镠有称帝之意,不满于'十四州',要贯休改成'四十州'。贯休则云'州亦难添,诗亦难改,余孤云野鹤,何天不可飞',随后自行拂袖而去。这般傲骨铮铮,世人皆赞之。"

"禅月大师之名人人皆知,但其傲骨却难有人可与之相比呀!"同行姊妹感慨道。

"贯休大师宁愿背井离乡,远走蜀川,也不肯轻易将'十四州'改成'四十州',这种宁死不屈之气节正是宋人所缺少的。若大宋爱惜国土,不随意割地、献币给金人,大宋国土当不至于流失至此。"李清照丝毫没有顾忌朝廷忌讳,正气凛然地说道。

"正是如此呀!只希望今后大宋有此风骨,不让一寸国土,收复失地,百姓皆可安居乐业。"同行姊妹亦有同感。

一时之间,李清照胸中诗兴尽发。她眺望着远处,一边踱步,一边吟诵道:"千古风流八咏楼,江山留与后人愁。水通南国三千里,气压江城十四州。"

"好，好，好！此诗甚好，清照真乃第一才女也！"同行之人听了，连连称赞。

## 旧事重提，"物是人非事事休"

> **武陵春·春晚**
>
> 风住尘香花已尽，日晚倦梳头。
> 物是人非事事休，欲语泪先流。
>
> 闻说双溪春尚好，也拟泛轻舟。
> 只恐双溪舴艋舟，载不动许多愁。

绍兴五年（1135）初夏，入侵临安的金兵已经全部撤退，宋高宗准备回到临安。李清照看到失去的故土得以恢复，心中自是万分欣喜。加之小弟李远传来书信，信中说不日她也可以返回临安，与之团聚。

李清照想象着和小弟团聚的场景，喜不自禁，心情大好。她日日在陈家与亲友、晚辈在一起玩乐，日子过得十分清闲。

然好景不长，李清照手中的一本《哲宗实录》成了禁书，她也因此书无端被扣上藐视朝廷的罪名。

原来，她即将离开临安，挥泪写下《金石录后序》之时，一位大臣向宋高宗进谏："王安石自任己见，尽变祖宗法度，上误神宗，天下之乱，实兆于此。"

宋高宗对此观点赞不绝口，也称："极是，朕最爱元祐。"他本就以为《哲宗实录》是奸臣所修，因为此书说尽了王安石的好话，并且对废黜新党的高、向两位皇后不利。

大臣这番谏言可谓说到了宋高宗的心里，他借机以"本朝母后皆贤，前朝莫及"之名，表明反对王安石等主张变法之人的言行，并将《哲宗实录》称为逆书，私藏此书者视为犯法。

而赵挺之当年极力推崇王安石等人，并亲自参与了此书的修撰。当时赵挺之所收藏的那份《哲宗实录》如今恰好就在李清照的手上。

李清照听闻这个消息，冷笑一声，道："当年爹爹被称为'元祐党人'，备受冷落。如今，朝廷风向突转，昔时的元祐党人又成了好人，我等之辈因为收藏《哲宗实录》，又成为反对元祐党人的逆党，这样算来，我竟不知到底要称自己为元祐党人子孙，还是反对元祐党人之姻亲了！"

她万万没有想到，父亲和君舅相互对立的政见，竟然让她左右都不得圣意。朝廷风向不定，左右摇摆，而她却一直被元祐事件所牵连，整日惶恐，进退两难。

不久，朝廷下诏，令赵家上缴逆书。李清照无奈，只好遵从圣命，将《哲宗实录》交了上去。

"夫人当真是冤枉啊！想这一路，夫人就像保护自己的头和眼睛一样保护着赵家的书籍，然而此时却被视为逆党，就连赵官人的功绩也毁于此，太过可惜了。"婢女一路追随李清照，自然知晓她这一路有多艰辛。今见朝廷如此，心中自是不忿。

"罢了，朝廷向来如此，我等寒微之徒，又有何能力扭转局面？只是身在旋涡中，任风雪变换，不断摇摆此身而已。"李清照悲叹一声，道尽心中无奈。

已是暮春时分，夜晚还是如此寒凉。李清照在微弱的烛火下暗自垂泪。她回想这一路来遭受的党争株连、婕妤之叹、家国战乱、丧偶流寓、"玉壶颁金"、再嫁风波、牢狱之灾,这桩桩件件的回忆在此时都涌了上来,像一把把盐,重新洒在伤口上,使她疼痛难忍,无法喘息。

"夫人……夫人莫要再思索这么多了,不如想想明日与晚辈游湖之事,或许心情可好些。"婢女看到她这么伤心,急忙劝道。

然而,此刻的她已经没有了半分游赏的心情,只自顾自地一边饮酒,一边垂泪。

翌日,日上三竿,晚辈来催促她。余醉未消,她只觉得脑袋昏昏沉沉,不知今夕何夕。

"快点儿,再晚可就没有小舟了!"晚辈不知内情,只在一旁催促她梳妆。

她只好强撑着精神走到梳妆台前,准备梳妆。这时,她看到镜子里容颜已经衰老、白发越来越多的自己,不禁感叹:"我已不是少女年纪,又梳妆给哪家儿郎瞧?"

晚辈没有听清她的话,再问时她只无奈摇头。

"听说双溪春色依旧,风景尚好,我们不妨前去一游。"

"对呀,那里的春色分外撩人呢!"

晚辈们欣喜地你一言我一语说着双溪的春色,李清照看在眼里,却别有一番忧愁藏在心中。

"今日我忽觉身子不适,怕是又要延医问药了,不如你们先行,我服完药再缓缓而去,可好?"

众人见她一脸愁容,面色甚是不好,都不忍再叨扰她,自行散去。刚才的热闹转瞬即逝,此刻只剩下满园寂静。复想起昨夜之思,她心中郁郁寡欢。

"只叹物是人非,小舟怎能载得动这沉重的忧愁呀!"

## 垂钓台上，"扁舟亦是为名来"

> **钓台**
>
> 巨舰只缘因利往，扁舟亦是为名来。
> 往来有愧先生德，特地通宵过钓台。

绍兴六年（1136）秋日，李清照启程前往临安。能够与小弟李远团聚原本是盼望已久之事，但因为朝廷下诏让赵家上缴《哲宗实录》一事，此行反而使她忧心忡忡。

夜晚，路经桐庐富春江畔的东汉隐士严子陵隐居垂钓处，李清照无心安眠，索性走上船头，望着茫茫夜色，生出许多感慨。

"你可知严光此人？"李清照问身边的婢女。

"不曾得知，夫人博才，还请给我们讲讲吧！"婢女见她兴致颇浓，随声附和。

"严光，字子陵，他曾与汉光武帝刘秀为同窗。后来，刘秀即皇帝位，严子陵却更名，从此隐居。刘秀知晓严子陵才能，几番下诏，想让他入朝为官，但是严子陵都拒之不受，最后归隐于富春山下。此刻我们身在之处，就是当时严子陵隐居时经常垂钓之处。"李清照想到此人，脸上出现沉思之色。

"严子陵如此高风亮节、不贪图名利，真是高洁之人。"婢女感叹道。

"是呀！严子陵为了避开名利而隐居此地，而我却为了保全自身，一路似败兵般逃难。当真羞愧不已，若此刻是白日，我定不敢登上钓台，唯恐亵渎了严子陵这般高洁之人呀！"

李清照想到自己这一路先是为了"玉壶颁金"之诬惶恐不安，

马不停蹄地追赶圣驾,唯恐圣上降罪于赵家,毁了丈夫清名。如今,又为了《哲宗实录》一书匆匆赶回临安,所为还是赵家之名节。对比严子陵,她甚感羞愧。

"夫人不要如此自责,生于乱世,又身为女子,夫人所为也是出于万般无奈呀!"婢女劝道。

"可四年前,韩世忠将军之妻梁氏同样为女子,却与其夫共同在黄天荡阻击金兵,临阵击鼓助战,成了名震朝野的女将军。金兵突破江防后,她又向朝廷言明其夫没有阻拦住金兵,是有罪之臣。此等义举,又岂是我等之辈能相比的。那时的我仅因为'玉壶颁金'之事就惶恐不安,日夜辗转,只为亲见天颜,乞求圣上不要降罪赵家。如此想来,羞愧至极。"

李清照想到,自己如今之所以能够安然返回临安,都是因为有梁氏这般智勇双全的巾帼英雄。而反观自己的历程,一路奔波只是为了无端诬陷而惴惴不安。这让一向坦荡自强的李清照自愧弗如。

"夫人之才,亦有用武之地,又何须如此妄自菲薄呢?我虽然不通诗书、不懂朝政,但夫人自成风骨,世上众多女子都比不过。"

婢女虽然不知晓朝中之事,没有博古之才,但她一路跟随李清照,自是十分了解她。虽然李清照从未在打仗、治国方面出过力,但是就凭她这般自嘲的勇气,就是众多女子所不能及的。更何况,她心中的家国忧愁和这一腔爱国热血,并不比梁氏这般巾帼英雄少。因此,在婢女看来,李清照之才学也无人能及。

似乎婢女的话给了李清照几分底气,她心中隐隐生出一些书生意气。回头望着严子陵之钓台,她吟诵道:"巨舰只缘因利往,扁舟亦是为名来。往来有愧先生德,特地通宵过钓台。"

"夫人,你看,天快亮了。"婢女似乎听出了几分诗中的意味,故意指着江边隐隐约约出现的朝霞,兴奋地说道。

李清照看着即将升起的太阳，心中似乎也升起了几分希望。她深知，此去临安，定有一番风波在等她。然而，即使她刻意夜行，刻意逃避，该来的始终会到来，她终究要去面对。想及此，她不禁叹息一声。

这时的她已经五十二岁，心中承载着这许多家仇国恨，其中的辛酸只有她自己知晓。

"若德甫尚在，风雨有人遮，我是否能免去这舟车劳顿，安享晚年呢？"她抚摸着赵明诚生前所写的《金石录》，喃喃而道。转而又想起那本《哲宗实录》，又不住叹息："唉，时局如此，怕是无论如何都逃脱不了这番劫难吧！"

随着舟船前行，临安变得越来越近。这次，她重回临安，又会遇到怎样的状况？临安会不会是她安享晚年之所，会不会为她保留一时的宁静？

# 第十四章　临安忆故乡

## 旧友重逢，"惟愁海角天涯"

> **转调满庭芳·芳草池塘**
>
> 芳草池塘，绿阴庭院，晚晴寒透窗纱。
> 玉钩金锁，管是客来吵。
> 寂寞尊前席上，惟愁海角天涯。
> 能留否？酴醿落尽，犹赖有梨花。
>
> 当年曾胜赏，生香熏袖，活火分茶。
> 极目犹龙骄马，流水轻车。
> 不怕风狂雨骤，恰才称，煮酒笺花。
> 如今也，不成怀抱，得似旧时那？

与李远相见之后，李清照心中安定了不少，并就此定居于临安。因为朝廷下诏让赵家上缴《哲宗实录》一事在金华一度闹得沸沸扬扬，所以即使回到临安，她的心情也非常不好。

"再次归来，风景犹存，荣光却无，今日境况，恰如这寒冷冬日，甚是凄凉。"望着住所内的景物，李清照此刻却觉得无比凄凉。

婢女见她满脸惆怅，不知如何劝慰。正在这时，李远前来探望。

人还未进到屋内，一阵笑语却先传来。

"姐姐……姐姐……你听到这个消息肯定会高兴！"

李清照见他这般欢喜模样，十分好奇，问："是什么好消息让你如此欣喜，竟像个孩童般？"

"姐姐不知，朱敦儒朱公应召来临安了。"李远知晓朱敦儒与李清照曾经互相唱和，二人曾在诗词上有相同的见解。

"当真？莫不是你为了哄我高兴，故意诓骗我的吧！"

说起这朱敦儒，还要从他父亲朱勃谈起。朱、李两家本就有通家之谊，朱勃在诗歌上颇有造诣，曾经还和苏轼苏学士唱和过。绍圣年间，李格非和朱勃二人同为朝官，李格非对其才学甚是仰慕。当年，李格非撰写《洛阳名园记》之时，曾经与原籍洛阳的朱勃来往十分密切。

"小弟什么时候骗过姐姐？我已收到消息，朱公不日就要到达临安了。"李远见李清照不肯相信，连忙说道。

"想当年，我初到汴京，朱公已经是志行高洁、有朝野之望的东都名士。在淄州时，孝慈渊圣皇帝甚是看重他，还曾经下诏让他去汴京任学官。然而，他却以'麋鹿之性，自乐闲旷，爵禄非所愿也'固辞，随后返回洛阳隐居。没想到，这番他竟肯到临安为官，不知是谁请动了他洛川先生呀！"

李清照虽然很少和朱敦儒见面，但是他们一直因诗词相倾慕，经常互读彼此的诗词，互相赞赏。因此，李清照知晓他高风亮节的品格，对他这次来临安之举甚感诧异。

"姐姐有所不知，这次是圣上多次征召，或许朱公有几分不得已之意。当初，金兵屡屡侵犯，朱公一家先是在淮阴避难，后来客居于雄州，一直不愿出仕。然圣上钦慕他的才能，多次下诏，一心想让他在朝为官。圣上在其中颇用了一番心思，朱公才肯来临安。"

昔时，李清照在临安养病之时，李远就经常将朱敦儒的诗词带给她。每每读之，她都深觉朱敦儒志趣高雅，非凡夫俗子所能及。

放船千里凌波去。略为吴山留顾。云屯水府，涛随神女，九江东注。北客翩然，壮心偏感，年华将暮。念伊嵩旧隐，巢由故友，南柯梦、遽如许。　回首妖氛未扫，问人间、英雄何处。奇谋报国，可怜无用，尘昏白羽。铁锁横江，锦帆冲浪，孙郎良苦。但愁敲桂棹，悲吟梁父，泪流如雨。

想起昔日时光，李清照不禁吟诵起朱敦儒的《水龙吟》。吟毕，她对小弟李远说道："故人重逢，自是欣喜，小弟定要留意朱公动向，等他到临安，你我二人定要宴请他。"

"自当如此，姐姐放心。"李远也十分仰慕朱敦儒，盼着能早日拜会他。

不久，朱敦儒果然来到临安。李清照高兴之余，立即派人下了请帖，又让人知会李远，一行人在李清照的宅院中相聚。

这些年，朱敦儒虽未能与故交李清照相见，但二人时常以诗词相交，他对李清照的才情十分钦佩，因此也非常期待这次聚会。

重逢之时，李清照和朱敦儒都有一种他乡遇故知的感觉。宴席之上，他们与李远一家人相谈甚欢，饮酒到深夜，方才散去。

李清照身为嫠妇，朱敦儒却并未因此避嫌，而是始终与她像知音般唱和，这给予了李清照深深的慰藉。

"能与朱公这般志行高洁之人交往，当真是我之荣幸呀！"酒席已经撤去，但是李清照却无法安眠。

犹记得深秋时节，她回忆起与赵明诚一同游赏的情景，曾作《行香子·七夕》一词。当时感叹牛郎织女的命运，如今却真的与赵明诚天上人间两相隔,她心中甚感悲戚。

朱敦儒见到这首词之后,只连连称赞,随即提笔写下一首《鹊桥仙·和易安金鱼莲池》相和:

白鸥欲下,金鱼不去,圆叶低开蕙帐。轻风冷露夜深时,独自个、凌波直上。　　幽阑共晚,明珰难寄,尘世教谁将傍。会寻织女趁灵槎,泛旧路、银河万丈。

李清照默默吟诵着这首《鹊桥仙》,心中又生出一番感慨。

"如今知音相伴,尚可宽慰一二。然而昔日伉俪,今时却天上人间两相隔,当真是造化弄人呀!"

## 回忆汴京,"怕见夜间出去"

### 永遇乐·落日熔金

落日熔金,暮云合璧,人在何处?
染柳烟浓,吹梅笛怨,春意知几许!
元宵佳节,融和天气,次第岂无风雨?
来相召、香车宝马,谢他酒朋诗侣。

中州盛日,闺门多暇,记得偏重三五。
铺翠冠儿,捻金雪柳,簇带争济楚。
如今憔悴,风鬟霜鬓,怕见夜间出去。
不如向、帘儿底下,听人笑语。

李清照之所以和朱敦儒成为知音,不仅因欣赏彼此的诗词,他们在抗金的态度上也默契地保持着一致。

李清照一向主张英勇抗战、保卫大宋疆土,视卑躬屈膝的主和派为懦夫。而朱敦儒也是一位言行一致的主战派人物,一向主张抗金、收复失地。

然而,当权者宋高宗却并不想再次挑起战争。不仅如此,他此刻还有了迁都临安之意。这个想法不仅意味着他打算放弃收复汴京,还意味着他有想要在临安苟安的意思。

其实,早在建炎年间,扈从统制苗傅、刘正彦等以宋高宗不适合即大位为由,请隆祐太后垂帘听政之时,他就受到了不小的惊吓。虽说后来他在朱胜非、张俊、韩世忠等人的拥护下得以复位,但心中始终为此担忧。

从那时开始,宋高宗就抓紧为自己准备后路。迁都之举,即是他想出来的保全皇位的计策之一。

当宋高宗初次提出这个想法时,任东京留守的名将宗泽曾经多次上书,请求他全力抗金,收复失地,进而回归汴京。然而,他不但没有回到汴京,反而加快速度南下。在宋高宗心中,临安是否为定都的良地并不重要,重要的是保住自己的皇位。

绍兴八年(1138),宋高宗不顾主战派多次进言,忽略他们对临安定都弊端的分析,执意定都于此。

李清照对此行径自然不愿苟同。但是以她如今的嫠妇身份,并没有资格参与朝廷的定都之议。于是,她只能独自在住所中为朝廷担忧。

这年元宵节,被定为都城的临安分外热闹。大街上,叫卖声、游赏声不绝于耳。新年刚过,处处充盈着喜庆的气息。

"夫人,今日街上好生热闹,你也许久不曾出门了,不妨此刻出去游赏一番吧!"婢女上街采买物品回来,饶有兴致地劝说李清照。

李清照打开房门,只见风和日丽,天气分外明朗。然而,她心中却风雨不止。

"如今的大宋就如同赵、李两族,已经由盛转衰。曾几何时,我也是汴京城中的风流才女,名动一时,令多少人倾慕不已,可如今我却成为一个只身漂泊的嫠妇。可见,天气也罢,人事也罢,都是变幻莫测。此刻天气晴朗,谁又能想到,或许下一刻就有风雨来临呢?"

"夫人……夫人……你在想甚?"婢女见她望着天空独自出神,开口轻唤她。

"无甚,只不过无心出游罢了。"李清照怏怏地答道。

这时,下人将许多拜帖呈了上来。她一一翻看,都是素日的酒朋诗侣相邀。她无奈地摇了摇头,只身走到院门口。

只见,街上香车宝马不绝,一队队阔绰的仪从经过。

"大宋如今已经到了这般境地,然而这些人却不以为意,竟把临安当汴京,依然寻欢作乐,真真叫人心凉。"她如此想道,愤怒地拂袖而去。

"此时此刻,灯红酒绿之中,又有多少人能像他们这般欢笑呢?然而,如今家国岌岌可危,又有几人会为此担忧呢?真是可悲可叹呀!"

想着,她长叹一声,再无睡意。走到书桌前,她诗兴骤起,匆匆下笔。转瞬之间,一首《永遇乐·落日熔金》跃然纸上:

落日熔金,暮云合璧,人在何处?染柳烟浓,吹梅笛怨,春意知几许!元宵佳节,融和天气,次第岂无风雨?来相召、香车宝马,谢他酒朋诗侣。　　中州盛日,闺门多暇,记得偏重三五。铺翠冠儿,捻金雪柳,簇带争济楚。如今憔悴,风鬟霜鬓,怕见夜间出去。不如向、帘儿底下,听人笑语。

如今,大宋之衰落,家国之飘零,又有几人可知晓、可忧心呢?

## "南昌"寿辰,"借指松椿比寿"

> **长寿乐·南昌生日**
>
> 微寒应候,望日边,六叶阶蓂初秀。
> 爱景欲挂扶桑,漏残银箭,杓回摇斗。
> 庆高闳此际,掌上一颗明珠剖。
> 有令容淑质,归逢佳偶。
> 到如今,昼锦满堂贵胄。
>
> 荣耀,文步紫禁,一一金章绿绶。
> 更值棠棣连阴,虎符熊轼,夹河分守。
> 况青云咫尺,朝暮重入承明后。
> 看彩衣争献,兰羞玉酎。
> 祝千龄,借指松椿比寿。

欣赏李清照才情、胸怀之人有许多,其中就有往日出使金朝的韩肖胄。这一日,下人呈上一封请帖。李清照打开一看,原来是韩肖胄送来的请帖。帖中言明,下月初六乃是韩公之母南昌夫人的生辰,特邀她去韩府赴宴。

"几年前,韩公奉命出使金国之时,我就有意拜访韩公,然一直深觉如今赵、李两家皆寒微,不敢轻易造访。此刻见此请帖,当真是喜不自胜。"李清照手持着请帖,甚是欢喜。

"看姐姐一脸笑意,定是也收到韩公的请帖了。我刚一收到请帖,就料想你心中肯定欢喜,特意来瞧你。"李远知晓姐姐自从来到临安后一直郁郁寡欢,不肯出门见客。如今韩公邀她前去,想必她定是欢喜。于是，他一收到请帖，就迫不及待地来看李清照。

"知我者莫若小弟也。"李清照此刻心情大好，也随着李远的话玩笑了几句。

二人开始商讨送何寿礼。挑选了好几日，才选定寿礼，只等南昌夫人寿宴之日，亲自前去祝寿。

不日即到寿宴之日。李清照早早起床，打起精神，精心梳妆。

"姐姐还是快些吧，莫要误了时辰。"李远在此等候多时，因此再三催促道。

"看你这般猴急的样子，哪还有朝官的稳重之态。"李清照也急切地想要见到韩公，只是自觉寒微，故在妆容上用了心，想要更得体些。

到了韩府，许多朝中大员都前来祝寿，场面热闹。韩公见到李清照与李远二人，急忙亲自相迎。

"爹爹曾经多次向我提及你们姊弟二人，经常称赞，如今一见，果然儿郎风流俊逸，才女不负虚名。我在此先拜谢你们前来祝寿了。"韩肖胄一脸笑意，将他们迎进门来。

"哪里，哪里！我二人早就想到府上拜访，只是如今家宅寒微，不便前来。"李清照如实道来。

"莫要如此说，你我两家本就有一番情谊，此情分无论如何都不会断。"韩肖胄笑着说道，生怕他们存了自卑之意。

少顷，宴席已开。众人都饮酒作乐，并一一为南昌夫人拜寿。李清照见南昌夫人容光焕发，儿孙满堂，心中隐隐有些艳羡。

待到李清照祝寿之时，她当堂吟诵了一首贺寿词，并献上了早已准备好的寿礼。南昌夫人听完寿词，直乐得合不拢嘴，连连称赞："李家才女大名我早有耳闻，今日得此寿词，方知文采出众，是闺中女子所不能及的呀！"

"老夫人谬赞了。您才是最有福之人。您到如今，健康长寿、儿孙满堂，膝下子嗣都是人中龙凤。真是福如东海呀！"

李清照看着南昌夫人的两个儿子就像春秋时着彩衣娱亲的老莱子那样，将美酒佳肴都呈到她面前，并祝愿母亲寿比松椿，自是羡慕不已。

直到夜幕降临，宴席才散。李清照坐在回家的马车上，对这场宴会感叹不已。

"我和德甫夫妻几十载，却未曾孕育一儿半女。本以为有诗书好茶相伴，夫妻二人亦可白头偕老。不承想德甫早逝，如今只剩我一人，好生凄凉！"

## 再悼亡夫，"人间天上，没个人堪寄"

### 孤雁儿·世人作梅诗

世人作梅词，下笔便俗。予试作一篇，乃知前言不妄耳。

藤床纸帐朝眠起，说不尽、无佳思。
沉香断续玉炉寒，伴我情怀如水。
笛声三弄，梅心惊破，多少春情意。

小风疏雨萧萧地，又催下、千行泪。
吹箫人去玉楼空，肠断与谁同倚。
一枝折得，人间天上，没个人堪寄。

这日，李清照从藤床纸帐中醒来，总有一种说不尽的伤感与思念。打开窗户，外面春雨霏霏，连绵不断。无法外出游赏，她只好坐在书桌前翻看书籍。偶然间，她读到了《梅苑》一书，颇有兴趣。这本书所录都是咏梅之词，起于唐代，止于建炎初年。李清照将其中咏梅之词一一品读，看尽众多词人笔下之梅。

读毕，只见窗外枝头的梅花不知何时都开了。

"春天已然来临，而心却还沉浸在寒冷的冬日里，未曾温暖过来。"她叹了一声，试图用手去够窗边的梅花。

"爹爹，我够不到。爹爹，你帮我摘一朵梅花可好？"

"好好好，只要是我的宝贝女儿想要的，爹爹都给你！"

她想起汴京的那株红梅，那时的她初长成，身段还不高。每到梅花绽放的时候，她都央求父亲给她采摘一枝，父亲每次都对她有求必应。

"如今汴京再不是大宋都城，那株红梅或许也早被人摧毁了吧！"她惦念着那株红梅，惦念着那段美好的青葱时光。

她笔下的咏梅之词不在少数。然而，其中大多是早期所作。当时，她是李格非的掌上明珠，日日有父亲宠溺；是赵明诚身边的贤妻，日日与他一同游赏。那时的她，心中盛满了年少欢愉、新婚之喜。而如今，再读咏梅之词，再看梅花，却只剩她孤身一人，道不尽其中的哀伤。

"夫人在想甚？还是将窗户关上吧，初春时节，天气还有些寒凉呢！"婢女见她望着窗外发呆，一副心事重重的模样，忍不住提醒道。

"咳……咳……咳咳……"经婢女提醒，她似乎才感受到身上的寒凉，不禁咳了起来。自从赵明诚去世，她的身子一直未见好。如今，她年岁见长，这病更是断断续续，从未痊愈。

"你看这梅花，沾染春雨气息，煞是清新，我竟一时看得出了神。"她指着梅花，谎称贪恋美景，忘了时辰。

"呀！梅花竟然开放了，夫人不说，我还没有瞧见呢！这一瞧，果真明艳可爱。夫人，我去折几枝含苞待放的梅花，插在瓶子里面，放在屋中，为夫人清清神可好？"

"这梅花清香异常，着实迷人，我要亲自采摘几枝才好。"李清照一边说着，一边走了出去，左右寻找含苞待放的梅花，一枝枝摘下。

李清照看着手中的梅花都还未红透，像极了少女害羞的脸庞，甚是喜欢。

婢女见她欢喜，随即将梅花插在瓶中，双手捧着交予她。"夫人快看，我插的花可好看？"

"甚是好看，欢喜至极！"李清照一边赞叹，一边从婢女手中接过梅花，"昔时陆凯思念远在长安的友人范晔，曾经折下梅花赋诗以赠。如此想来，梅花当真是清雅之物，赠予友人再合适不过。"

"夫人不妨也将此梅转赠他人，岂不也是清雅之举。"婢女听了，笑着说道。

"正是如此……"李清照正有此意，可是转瞬之间，她抱着梅花却不知道该将它转赠于何人。

赵明诚已去世多年，留她一人，手中空有梅花余香，却无人分香，无人共享。顿时，悲从心中来。

"寻遍人间天上，如今却没个人堪寄。"说着，泪随着春雨而下，许久不能止。

"夫人切莫……"婢女话还未说完，李清照就示意她退下。此刻她心中的愁情无人可懂，只有这绵绵不断的春雨知晓几分。

和着春雨、悲伤泪，她心中对赵明诚的思念越来越深。

"想他去世之时，不曾为我留下只言片语。当真如此狠心，让我遍寻天上人间都无果，使我如此孤寂。"

说罢,她提笔写下一首悼亡词《孤雁儿·世人作梅诗》:

世人作梅词,下笔便俗。予试作一篇,乃知前言不妄耳。
藤床纸帐朝眠起,说不尽、无佳思。沉香断续玉炉寒,伴我情怀如水,笛声三弄,梅心惊破,多少春情意。　　小风疏雨萧萧地,又催下、千行泪,吹箫人去玉楼空,肠断与谁同倚,一枝折得,人间天上,没个人堪寄。

写毕,她自言此咏梅之词与前人所作一样,同是俗词。然而,相较于梅花韵味,李清照词中的悲情更能打动每一位读词之人。

# 第十五章　晚年豁达意

## 晚年沉郁，"怎一个愁字了得"

> **声声慢·寻寻觅觅**
>
> 寻寻觅觅，冷冷清清，凄凄惨惨戚戚。
> 乍暖还寒时候，最难将息。
> 三杯两盏淡酒，怎敌他、晚来风急！
> 雁过也，正伤心，却是旧时相识。
>
> 满地黄花堆积，憔悴损，如今有谁堪摘？
> 守着窗儿，独自怎生得黑！
> 梧桐更兼细雨，到黄昏、点点滴滴。
> 这次第，怎一个愁字了得！

靖康之变后，李清照经历国破、家亡、夫死，独留她一人苟活于世。如今，已经到了晚年，她再也没有当年那清新雅致、浅酌低唱的兴致，笔下的作品也变得越来越沉郁凄婉。

这年秋日，阳光刚刚照亮纱窗，李清照便睡不着了。

"这秋日里总是忽然变暖又转寒凉，此时天气恰如此时心情，最容易生出许多离愁别恨，还是再入梦乡，躲避此刻痛苦吧！"

这样想着,她又躺在床上。不承想,翻来覆去良久,竟再难以入眠。她长叹一声,慵懒起床。

披上外衣,站在屋里,觉得寒意袭来,吹得肌肤冰凉。"这般时节,天气越来越凉了。罢了,还是饮些酒来暖身子吧!"

说完,她呼唤门外婢女,让她拿酒进来。

"夫人,天气凉了,还是少饮些酒吧,况且此刻刚刚起身,还是……"婢女拿着酒走进来,想要规劝她一番。岂料话还未说完,她就示意婢女退下。婢女无奈,只得把酒放在桌子上,叹了口气,退出屋去。

"有了这酒,此心必不会如此寒凉了吧!"她心中何尝不知晓"借酒消愁愁更愁"的道理,只是此时别无他法,只能借着酒意安眠片刻。

端着一杯淡酒,她倚在窗前,看着窗外日头遁去、天暗云低之景,身体感觉到冷风正劲。暗自悲戚时,听得一声悲鸣。她放眼望去,原来是一只孤雁在哀叫,声音划破天际。

"雁儿,你为何叫得如此凄凉?难道你也和我一般孤苦无依,独自面对着萧瑟秋风、千山暮雪吗?"

似是回应她般,孤雁又鸣叫了一声,声音流露出哀伤之意。李清照越听越觉得悲伤,不知不觉间泪流满面,泪水滴落在酒杯中,不知是泪苦还是酒苦,到了嘴里变得这般难以下咽。

泪光迷蒙之中,她恍然觉得那只孤雁正是之前为自己传递情书的那一只。因此,她心中生出一丝欣喜,但转眼看到身旁并无一人,欣喜又转瞬即逝。

"'无可奈何花落去,似曾相识燕归来。'旧时传情信使依旧在,而我和郎君却早已生死相隔,无法再见,处处物是人非,令人肝肠寸断。"

正在哀伤之际，她又看到满园盛开的菊花。明明菊花正盛，在她眼中却憔悴不堪。"等到秋尽时，满眼黄花终凋谢。这世事无常，到最后却什么都不会留下。"

天气也被她的悲伤感染，越来越阴沉，阳光在云朵里销声匿迹，不肯出来一见，怕平白染上这无尽惆怅。

"时光催人老，光阴却磨人。如何才能捱到黄昏，度过这漫漫长日，好叫我可以安眠片刻呢？"她一个人对着这阴沉的天，一刻一刻等待黄昏的到来。

黄昏好不容易在酒壶将净时到来了，却又携着寒凉风雨。她望着这点点滴滴、淅淅沥沥的无边细雨，更加烦躁起来。

正要关上窗户之时，忽然看到屋外那两棵梧桐树，它们的枝叶都被雨水打湿了。"这雨甚是恼人，怕是梧桐要生生忍受寒凉的雨水了，真是可怜至极。"刚说完，她又想到自己，不禁笑了一声，"梧桐虽然被雨淋着，却成双成对，互相庇护。如此想来，倒是我孤身一人，更为可怜。"

关上窗户，她又和衣倚在床头。屋内已然见黑，她却懒得起身点燃烛火。"此时此刻，如何言说心中的愁意？怕是用尽千言万语也难以形容。"

说话间，婢女进来，点燃了烛火。屋内顿时明亮起来，而她的心里却依旧漆黑，无法被照亮。她起身走到桌前，提笔写下一首《声声慢·寻寻觅觅》：

寻寻觅觅，冷冷清清，凄凄惨惨戚戚。乍暖还寒时候，最难将息。三杯两盏淡酒，怎敌他、晚来风急！雁过也，正伤心，却是旧时相识。

满地黄花堆积，憔悴损，如今有谁堪摘？守着窗儿，独自怎生得黑！梧桐更兼细雨，到黄昏、点点滴滴。这次第，怎一个愁字了得！

她反复吟诵这首词。想起过去的点点滴滴，无论悲欢离合，都轰轰烈烈。

少年时，她曾"沉醉不知归路"，风流潇洒；新婚时，她曾"共赏金尊沉绿蚁"，甜蜜如糖；离别时，她曾"人比黄花瘦"，凄凄惨惨；屏居时，她曾"相从曾赋赏花诗"，与郎君百般恩爱……

可如今，家破人亡，人老珠黄，国家也在风雨中飘摇。大喜大悲过的她，面对此时境况却渐渐麻木。她已经没有了书写欢喜、悲伤、深情等诸多感情的欲望。因此，她在晚年之后所作诗词寥寥。她将那些想要言说的话语放进了如梭的岁月里。

而她自己，也步入淡然的晚年生活，静看朝夕，无欲无求。

### 捐献《金石录》，反被恶亲污

岁月如梭，转瞬间，李清照已经六十余岁。她回想几十年间的种种往事，恍然如梦，好不真实。经历这些风风雨雨，她渐渐看淡了人生，每日闲坐在庭院里，静听花开花落，不知世事几何。

这日清晨，她慵懒起床，走到梳妆台前，准备梳妆。然而，她看到如今的自己，两鬓花白，皱纹横生，不禁失笑。

"容颜已逝，昔日少女也变成了老太婆，梳妆给谁看呢？"她一边摇头，一边起身走到书桌前。

那本《金石录》映入眼帘，她随手拿起来翻看，细细欣赏赵明诚、刘跂和自己三人分别作的三篇《后序》。

"我和德甫呕心沥血整理出这本《金石录》，并饱含深情写下《后序》，其价值不可估量。然而，我现在已经是花甲之年，膝下没有一儿半女，如我逝世，此书岂不是销声匿迹，无人知晓？"

想及此，她重新将《金石录》三十卷再加整合，并将赵明诚、刘跂和她本人所作的三篇序言一同捐献给朝廷。

宋高宗身边的人看了此书，都赞叹不已。

"李清照'一代词女'之名早有耳闻，她协助其夫整理《金石录》之事也在意料之中，只是不承想这一代词女文采竟如此出众，字里行间都渗透着她万般的才情，实乃绝妙矣！"

"的确如此，魏晋时，陆机曾有'思涉乐其必笑，方言哀而已叹，或操觚以率尔，或含毫而邈然'之语，今读李清照之后序，亦有此感。"

宋高宗读之，亦为之赞叹。他见大臣都赞不绝口，便开始询问大臣，该如何赏赐李清照。

众大臣本来都沉浸在李清照敏捷的文思和绝妙的文笔之中，忽听得宋高宗一问，顿时鸦雀无声，没了主意。

"圣上，李清照虽然捐献有功，但毕竟身为一介女子，况且其父李格非生前还有冒犯先帝之举，如封赏过于丰厚，此等人不免气焰嚣张。"太师秦桧见大臣都不敢言，冷笑一声，上前说道。

宋高宗听了，觉得颇有几分道理，又问其他大臣意下如何。其他大臣纷纷附和，并不敢有异语。

宋高宗思虑一番，说道："那便赏赐她一些金帛罢了。"

不日，李清照收到赏赐，只是谢恩，并不多言。

李远见此，气愤地骂道："秦桧此人竟如此卑鄙！当真是奸臣当道，众人遭殃。表妹自从嫁入秦府，不仅不恪守本分，反而和秦桧同流合污，更是献计冤死了岳飞将军。如今，姐姐进献《金石录》，他们又横插一脚，简直气煞人也！"秦桧之妻王氏乃是李清照外祖父王珪的孙女，也是李清照和李远的表妹。

李远虽然在宋高宗身边得到重用，但是宋高宗却颇信任秦桧等人。加之此事涉及李清照，他在朝中不能多言，因此心中怨气颇深。此刻，在李清照的庭院中，他终于一吐为快，不住骂着秦桧和表妹秦王氏。

"你瞧瞧你这一头汗，怎还和孩童般忍不住气性？我进献《金石录》本就不为什么赏赐，只想着你姐夫当初辛苦编撰此书，若就此销声匿迹，平白可惜了。你何至于生这么大的气，万一气坏了身子可如何是好？"

"想来，秦桧定是因为前些日子你未曾答应为他兄长秦梓代笔之事耿耿于怀，才有如今之言，真是卑鄙小人。"李远怒气未消，并未听进去李清照的话。

"《世说新语·容止》篇有这样一个故事：魏王曹操在接见匈奴使者时，觉得自己的样子有些粗野，不足以镇服边远之国。于是，他指使大臣崔季珪装扮成魏王，接见使者，他自己扮成卫士，捉刀立于床头。你可曾记得，匈奴是怎样评价曹操和崔季珪的？"李清照并不气恼，淡然地问李远。

"我当然记得，使者说魏王的气度非常高雅，但是床头那位捉刀的卫士，才是一位威风凛凛的英雄人物。姐姐问此，是何意？"李远不解。

"曹操底气不足，捉刀于床头，让他人装扮成魏王，岂不是自作聪明，贻笑大方？我又岂会学他呢？"李清照笑着说道。

李清照当然知晓，此事定是秦桧和秦王氏从中作梗。但是，她如今与世无争，并不想牵扯进朝廷上的是是非非。

李远见李清照不动声色，依旧悠闲地翻读诗书，又气又急，在屋中来回踱步，复走到李清照身旁，焦急地说道："姐姐……你怎不着急呢？"

李清照看着他这般猴急的模样，竟"扑哧"一声笑出来。她悠悠问道："莫急，我且问你，《菩萨璎珞本业经》中，佛问目连：'何者是行报耶？'目连是如何回答的？"

李远正气得面红耳赤，忽然听得此言，思索良久，才回过味来。

"'随其缘对，善有善报，恶有恶报。'姐姐，我明白啦！"他恍然大悟，知晓了姐姐的用意。

李清照见他不再执迷，莞尔一笑。

李清照虽然有这样一门恶亲，并且也曾深受其害，但是她却从未与之同流合污。

## 登门求跋，喜得"无价之宝"

自从赵明诚去世之后，每年八月十八日赵明诚的忌日，李清照都要悼念郎君，以寄托哀思。

绍兴十九年（1149），赵明诚病逝二十周年前夕，她准备郑重祭奠一番。因此，她在家中翻箱倒柜，查检了全部残存的藏品，想要找到有纪念意义的文物，以此慰藉赵明诚的在天之灵。

"竟让我找到了如此字帖，当真是意外之喜。"她手捧着两帧米芾的字帖，无比欣喜。

"夫人找到了何物，竟然这般欣喜？"婢女见了，忙问道。

"你有所不知，这可是米芾米先生的字帖，价值不可估量。"笑意止不住的她，看着这两帧字帖，若有所思，"想当年，君舅与四大书画名家中的苏轼苏学士和黄庭坚黄先生似有不共戴天之怨，更是将德甫手中的苏、黄藏品全都销毁了。好在他对蔡襄和米芾两位先生的书籍、字帖倍加珍惜，不然恐怕这两帧字帖也难保了。"

"看来此物当真如此宝贵，夫人更要小心保存了。"婢女听闻这字帖来历，才知其珍贵之处。

"此物能归德甫，方知赵家兄弟情深。如今赵家三兄弟都已逝世，我能做的就是收藏好这一珍品，使其能够永世流传。"说完，她又陷入沉思中。

"如何才能让此物更加有价值、有意义呢？"她独自思忖着，"是了！若能得到名人题跋，定能让此珍品流芳百世。"

想到这里，她决定亲自登门，向米友仁求跋。

"走，我们这就去米府！"她向婢女说道。

"米府？夫人所指的是米先生的长子米友仁的府上吗？"婢女曾经从李清照口中听到过这个名字，所以略微有些印象。

"正是。米先生宣和四年就已经入宫，掌书学，善行书，其山水画更是发展了其父的技法，运笔草草，自称'墨戏'，当有出神入化之意。如今他升为敷文阁直学士，更是德高望重。"李清照满眼期待，希望能够不虚此行。

来到米府，李清照将米芾的两帧字帖交予米友仁，并向他说明来意。

"正值我亡夫忌日，我翻找书籍时，发现令尊字帖，喜不自胜。料想此帖之珍贵，无物可比。今日前来拜见，望学士能够赏脸题跋，当为此物增重，在此感激不尽。"

年近八旬的米友仁看到父亲的字帖，顿时百感交集，道："能再见到家父字帖，已是满足，题跋之事又何足挂齿，只恐笔下不才，玷污家父贵作。"

"哪里，米学士落笔出神入化，小辈等望尘莫及。"李清照回道。

米友仁正襟危坐，略微思忖，随后在《灵峰行记》一帖上题道：

易安居士一日携前人墨迹临顾，中有先子留题，拜观不胜感泣。先子寻常为字，但乘兴而为之。今之数字，可比黄金千两耳，呵呵！

收笔之后，米友仁抚须大笑。之后，又再三抚摩吟赏另一字帖《寿时宰词》，随即题跋之曰：

先子真迹也。昔唐李义府出门下典仪，宰相屡荐之。太宗召试讲武殿侧坐，而殿侧有乌数枚集之，上令作诗咏之。先子因暇日偶写，今不见四十年矣。易安居士求跋，谨以书之。

题跋完毕，米友仁分别在两张字帖上署名"敷文阁直学士、右朝议大夫、提举佑神观友仁谨跋"。

"能亲眼看到米学士作书，当真是三生有幸。"李清照亲眼见到米友仁构思、题写的过程，深感不虚此行。

"谬赞，谬赞也，如今老矣，不复从前了。"米友仁自谦道。

"学士太过谦虚了。方才看学士题写，每逢起笔时的那一'顿'，既稳健又潇洒，令人有心旷神怡之感，怕是硬朗少年郎都不能相比呀！"李清照内心自是敬佩。

一番寒暄之后，她带着这两帧字帖回到家中。在卧房内，她整整观赏了一下午，依旧意犹未尽。

"米芾米先生之字帖已是无价，如今再加上其长子亲笔题跋，此二帖实为无价之宝呀！若德甫在世，见到此物，定会欣喜若狂。"李清照如此想着，又感叹赵明诚已逝，无法与她一同欣赏。

但李清照此刻万万想不到，自她去世到岳飞之孙岳珂撰著《宝真斋法书赞》之时，她所珍藏的这两帧米芾的字帖已经失散，仅存米友仁之跋语。

若非岳珂在《米元章（米芾字）帖》中记载"右宝晋米公《灵峰行记》真迹一卷。天下未尝无胜游，惟人与境称，而后传久。其次以文，其次以字画。考乎此亦可观矣。宝庆丙戌（1226）秋得之京口。故藏易安室，有元晖跋语系焉"，李清照此番事迹恐怕也早已湮没。

## 孙姓拜访，小女不领情

自从得到米友仁跋语之后，李清照一直很兴奋。翌日，她就将这个好消息告诉了几位志趣相投的朋友，并迫不及待邀请他们前来观赏。

"米芾之字帖得之已不易，如今更有'小米'跋语，这两帧字帖当真是无价之宝呀！"

"你们两个看完就先起身，给我留个地方，我还未曾好好观赏呢！"

"时间还早，定能让你们一一细细观赏，更何况我之府邸在此，你们还怕字帖跑了不成？"看着眼前的几位朋友抢着观赏，生怕错过一个字，李清照不禁失笑。

"易安居士可是在此？"正说笑着，一对刚过而立之年的夫妻带着一个小女孩前来拜访。

李清照从未见过这一家人，但是依旧将他们迎进屋内。"我正是易安居士，不知阁下何人，为何来此？"

"太好了，终于找到您了。我乃孙姓人家，因听说易安居士诗词歌赋无一不工，书画造诣亦出众，其笔下墨竹更能与皇家书画院的作品媲美，因此特意前来求教。若有唐突之处，还请夫人多多见谅。"

"无妨，倒是外人太过夸大了，我之书画并没有那般绝妙，只要你们不嫌弃便可。"李清照见他们的女儿伶俐俊秀，甚是喜欢，因此对他们也生出一番好感。

"夫人太过自谦了，得能夫人墨宝，我等欢喜不已。"孙姓人家急忙说道。

"只是不知，所求何物？还请说来，若能满足，我自当乐意尽力。"

"所求只是两首词，一首是夫人的《鹧鸪天》，一首是柳永柳郎中的《望海潮》，再次感谢，劳烦夫人了。"

李清照一听说是自己的词，笑了起来："我之词作十分简单，只要阁下不嫌弃我当时一番女儿心思即可。"

孙姓人家听了，只是仰慕道："此词虽为闺中词，却别有一番家国情义，我等敬佩不已。"

李清照一笑置之，接着说道："只是对于柳郎中的这首《望海潮》，我确实有些疑问，不知阁下可知晓当年杭州知府孙沔之名？"

她一听孙姓人家求《望海潮》一词，心中便生出疑问。博古通今的她自然知晓，柳永一词中的"千骑拥高牙"所说的正是当年的杭州知府孙沔，而眼前这家人又姓孙，她便猜到或许这家人与孙沔有些关联。

"夫人慧眼，我等正是孙沔孙大人之后，因此特意求取《望海潮》一词，还请夫人不吝墨宝，在下自当感激不尽。"孙家人早听闻易安居士聪慧，不承想他只说出《望海潮》，她就猜到自己的身份，自是敬佩。

李清照见事实果然如她猜想的那般，不禁笑道："这可真是无巧不成书呀！没想到当年被柳屯田称为'千骑拥高牙'的后人，此番竟来到我的门下，当真是缘分使然。"

孙姓人家见李清照是一位心实肠热之人，顿时没有了刚才的拘束，与她一番交谈，越说越投机。

李清照对孙官人可爱的女儿青睐有加，一边将她亲昵地揽在怀中，一边对她说："不妨将词章之学传授于你，如何？"她想着这个孩子为之欣喜的模样，笑意盈盈。

不承想，这个孩子一本正经地回答："多谢夫人抬爱，然古云'才藻非女子事也'，还请夫人莫怪。"

李清照看着她一本正经的模样，哭笑不得。然而当她看到孙官人和其妻子并不以小女之言为非，心中又感到惋惜。

"小小年纪，实则不过为《女论语》之类书籍愚弄罢了。但人各有志,我又何须勉强。"想及此,她悄然摇了摇头,将话锋转移,继续谈笑。

待众人散去后,李清照回想起这个孩子,不禁自叹道:"不知未来,此女子命运如何?"

李清照不知道的是,在她去世之后,这位孙氏女嫁给了前朝一位宰相的后裔,成为一位有名的贤妻良母。

后来,因孙家原籍为绍兴,与陆家沾亲带故,孙氏之子还成为大诗人陆游的学生。

孙氏女得夫如此,儿子也有所成就,她自感孙家淑质美德,颇为得意。她去世之后,其子还请陆游为其母写了墓志铭。其中,有"夫人幼有淑质,故赵建康明诚之配李氏,以文辞名家,欲以其学传夫人,时夫人始十余岁,谢不可,曰'才藻非女子事也'"之句。

这或许不是陆游的心里话,但确是孙氏夫人之本意。在她眼中,或许李清照只是一个好为人师的夫人,她这等贤良淑德之辈不愿顺从。倘若李清照在天之灵得知,定会一笑置之,不以为意。

## 韩玉父,痴心女弟子

李清照本性刚强,其气节从未改变过。到了晚年,她的刚强渐渐变成了智慧,传授给那些并非亲生的儿辈。

她反复向儿辈们讲述诸如"慧则通,通则无所不达;专则精,精则无所不妙"的道理,并且通过庖丁解牛、尧舜之仁、桀纣之恶等故事悉心教导这些儿辈。

不仅如此,她一面讲道理,一面身体力行,寓教于乐,将棋局化为课堂,利用小小的棋子,教导儿辈们胸怀恢复故土的远大志向。

在众多儿辈中,她尤其关注那个带着西秦口音的孤苦小女孩——韩玉父。

韩玉父本是秦地人,她的曾祖父曾经做过官。后来,战乱纷纷,随父迁家于钱塘。少年时,父母便将她带到李府,拜李清照为师。

"师父在上,请受徒儿一拜。"

韩玉父当时天真可爱,虽然不像李清照少时那般天资聪颖,能够教一学二,举一反三,却也有不少惹人喜爱之处。

"师父请用茶。

"师父,近日天气转凉,我缝制了一件披风,师父试试是否合身?"

她察颜观色,总能体察李清照的心思,十分善解人意。不仅如此,她生得一副菩萨心肠,待人真诚。因此,李清照视她如己出,在她家境有所不济之时,更是百般相助。

韩玉父及笄之时,李清照为她举办了一场别具一格的及笄之礼,并邀请众多亲友参加。

此后,朋友们总是半玩笑半认真地对李清照说:"易安居士虽无升堂子弟,却有入室之女。"

李清照每每听闻此言,都深感欣慰。

及笄不久,就传出韩玉父即将择婿的消息。一时间,求婚者络绎不绝。

"依师父之见,我当寻得何样郎君呢?"韩玉父求教于师父。

李清照莞尔一笑,对韩玉父说:"婚姻涉及终身,自当你自己做主,往后余生,定要与你心仪之人共度。"

韩玉父听了,心中莫名悸动。她在李清照身边受教许久,耳濡目染,心中早有择婿标准。她为自己立下"才貌双全,学识过人"之择婿标准,与李清照当年选择赵明诚的标准不谋而合。

李清照知道了,只笑笑不语,却欣慰她的弟子行事作风颇有几分她当年的韵味。转念之间,她又隐隐有些担忧:"但愿玉父能觅得良人，余生无忧，莫要像我这般孤凄。"

一番筛选之后，韩玉父选定了一位名叫林子建的太学生。她见林子建仪表堂堂，谈吐不凡，在太学成绩也甚是优异，非常满意。

不久，她便将林子建带到李府拜访李清照。李清照看着二人举案齐眉，想起她和赵明诚新婚之时，期盼二人能够白头偕老。

然而，李清照至死也不知道，韩玉父后来的命运，竟然和她的后半生一样坎坷。

二人婚后不久，林子建被授予福建官职。在他回福建的时候，韩玉父为了帮他筹措盘缠，几乎倾其所有。

林子建临走前，信誓旦旦地对她说："待秋日，最晚初冬，我定派人隆重迎你入闽。"

韩玉父为之感动，日日殷切期盼。然而从夏天等到秋天，又从秋天等到冬天，直到来年春天，她都没有等到林家来人，林子建音讯全无。

她的心越来越寒凉，怎么也想不到林子建竟是如此薄情寡义之人。悲愤之下，她便带了婢女前往福建。

然而，她们主仆二人从杭州找到福州，找遍了"三山"，也没有寻得林子建的踪迹。

至于最后，她是否寻到薄情人，已无从得知。但见林子建所为，多半是不能寻见。可叹李清照这一得意弟子，一颗痴心白白付于薄情郎。

# 第十六章　一代风流才女，后人眼中的李清照

## 酒中"神仙"

"天子呼来不上船，自称臣是酒中仙。"李白一旦喝醉酒，就连皇帝的召见都敢拒绝，可谓是个十足的"酒中神仙"。然而，在宋朝，还有一个能和李白媲美的"酒中神仙"，她就是有着"千古第一才女"之称的李清照。

李清照有多爱喝酒呢？在她的作品里，有一大半都与喝酒有关。

她出身于书香世家，父亲是苏轼门下弟子，继母为王拱辰的孙女，如此出身的大家闺秀多半从小在家研习琴棋书画。但她不是一般女子。早在少年时期，她就性格洒脱不羁，呼朋引伴、饮酒作乐乃是寻常事。

"常记溪亭日暮，沉醉不知归路。兴尽晚回舟，误入藕花深处。争渡，争渡，惊起一滩鸥鹭。"

即使喝醉了，这个天真少女也没显出过一丝丑态。她和玩伴饮到半酣之时，跑到湖里划船，误入一片荷池，惊走了鸟儿，众人都哈哈大笑。此种场景，尽显洒脱、逍遥，让人艳羡不已。

到了待嫁年纪，女儿家都待在闺房之中，或做女工，或日日温习《女论语》，而李清照却不同。自小家中就不拘束她。因此，虽待在汴京，她依旧喜欢饮酒作乐，沉醉在酒中。

"昨夜雨疏风骤，浓睡不消残酒。试问卷帘人，却道海棠依旧。

知否？知否？应是红肥绿瘦。"

和着风雨，饮着浓酒，醉意沉沉，睡到日上三竿。婢女卷帘之时，宿醉之人本应要饮水以消残酒，而生性清雅的李清照醒来最关心的却是院中的海棠。在她心中，海棠其实就是自己，她害怕的是风雨太盛，吹落了她心中的情意。

新婚后，她和赵明诚志趣相投，既是夫妻，更是知音，闲来"共赏金尊沉绿蚁""赌书消得泼茶香"，所做之事都颇为风雅。其中少不了饮酒作乐。

婚后不久，她因为元祐事件被迫返回原籍，多了许多不知如何打发的寂寞时光。此时的她既怨恨昔日宠爱她的郎君没有帮她，又关不住日日思念丈夫的心，乃至寝食难安。此情此景之下，她开始借酒消愁。

"薄雾浓云愁永昼，瑞脑销金兽。佳节又重阳，玉枕纱厨，半夜凉初透。　东篱把酒黄昏后，有暗香盈袖。莫道不销魂，帘卷西风，人比黄花瘦。"

本是重阳佳节，家人欢聚之时，她的父亲却被流放，郎君一家更是薄情寡义。她一人坐在凉亭中，看着凋零的菊花，心中的悲伤无法言说。万般无奈，只好借酒意安眠片刻。

定居江宁之时，金兵一路南下，国家危在旦夕，李清照和赵明诚日日忧惧。在此时局之下，赵家和李家得到一丝喘息的机会，重得皇帝赏识。于是，他们头顶的阴霾暂时散去，在赵家府邸宴请亲友。

"永夜恹恹欢意少，空梦长安，认取长安道。为报今年春色好，花光月影宜相照。　随意杯盘虽草草，酒美梅酸，恰称人怀抱。醉里插花花莫笑，可怜春似人将老。"

见到了许久不见的亲友，和他们一起把酒言欢，共享团聚之乐，李清照感到十分欢喜。但当酒尽人散之后，她又感到一丝凄凉。此刻，在她的酒里,不仅藏着家愁,亦藏着国恨;不仅有渴望团聚的心绪,更有收复失地的期盼。

到了晚年,饱受多重打击的李清照境况凄凉。当她独自一人坐在昏暗的屋里,望着窗外的孤雁、秋雨、菊花,酒瘾又随着这万般孤寂涌了上来。

"寻寻觅觅,冷冷清清,凄凄惨惨戚戚。乍暖还寒时候,最难将息。三杯两盏淡酒,怎敌他、晚来风急!雁过也,正伤心,却是旧时相识。 满地黄花堆积,憔悴损,如今有谁堪摘?守着窗儿,独自怎生得黑!梧桐更兼细雨,到黄昏、点点滴滴。这次第,怎一个愁字了得!"

晚年时,回想起种种往事,李清照心中有说不尽的哀愁。既然无法言明,她便把话藏进酒里。三杯两盏,饮不尽离愁别恨。醉得错把孤雁当作旧日传情的信使,空对着成双成对的梧桐艳羡。虽然年岁已老,可是她依旧不改酒中豪情。

看尽李清照的一生,无论悲喜,酒都是她不可失去的"伴侣"。无论风雨、天晴,有酒的时光,她总是那么肆意潇洒。花间一壶酒,任尔雨雪风霜。"酒中神仙"一叹,世间万事皆遁!

## 千古词人

宋朝建立之后,统治者改变了西汉以来封建王朝抑制商业发展的政策,商人的地位因而得到提升。商铺随处可见,尤其是在城市中,仅开封就有六千多家。其中,酒馆的生意尤为发达。

《东京梦华录·酒楼》中记载:"凡京师酒店,门首皆缚彩楼欢门。唯任店入其门,一直主廊约百余步,南北天井两廊皆小合子,向晚灯烛荧煌,上下相照。"

在此背景下,宋朝的文人、士大夫大多过着两种生活:一种是享乐,一种是冶游。茶余饭后,他们经常吟唱一些即兴创作的小歌词助兴。这些小歌词就是宋词的雏形。

起初,宋词被称为"曲子词""乐章""乐府""琴趣""诗余"等,别名很多,但是始终没有一个独立的风格,名字也不够响亮。

后来,不仅文学大家加入小歌词的创作行列,就连王公大臣也纷纷开始写小歌词。但是,这时的小歌词并没有自身的独特之处,甚至形式、韵律都没有规定,十分散漫。

而李清照在词作方面,不仅以"浅俗之语"为宋词生彩增辉,还让宋词在艺术殿堂站稳了脚跟。

她的词通俗而不鄙亵,浅近而不俗陋,十分洁净、清秀。

如名作《声声慢》,除了开头的七对叠词,其他几乎都是白话。"将息""却是""怎生""次第""了得"等,这些词都是当时流行的口语,让人读之即懂。

不仅如此,她并没有用华丽的辞藻去衬托内心的浓愁,而是将平淡的语言当作浓愁的载体,句句淡而不轻,俗而不陋,尽显高雅。

她笔下关于爱情的词也浅近通俗,却有很高的美学追求。她作爱情词时,从来不会迎合他人,也不会使用粗鄙语言,而是实现了思想内容和语言形式的和谐统一。

如《行香子·七夕》中的"星桥鹊驾,经年才见,想离情、别恨难穷。牵牛织女,莫是离中。甚霎儿晴,霎儿雨,霎儿风。"

又如《一剪梅》中的"一种相思,两处闲愁。此情无计可消除,才下眉头,却上心头。"

这些词作用语看似寻常,却耐人寻味。在她的词中,明明是平平淡淡的几个字,却饱含千般情思、万般愁绪,让人回味无穷。

正是因此,宋代词家纷纷效仿"易安体"。就连在词坛上"有不可一世之概"的辛弃疾也一再效仿"易安体",创作了许多名词佳作。

此外，在闺词方面，李清照成功塑造了"思妇"这一典型形象，唱出了"闺情绝调"。

闺词兴起于晚唐五代，盛于北宋。北宋大小词家几乎都创作过闺词，甚至一些地位显赫的朝臣也醉情于其中。而李清照作为女性词人，对"闺情"有着丰富的切身体验。

少年时，她天真烂漫，甜美羞涩，书写出"知否，知否，应是红肥绿瘦"的思春词；青年时，她和赵明诚恩爱非常，每次小别都充满离愁，写下了"楼上远信谁传？恨绵绵"的相思词；晚年时，家国破碎，凄冷无比，她写下了"只恐双溪舴艋舟，载不动许多愁"的怨恨词……

在李清照的一生中，小别轻分、独守空房是寻常事；对丈夫真挚的爱、夫亡的悲痛，"国破山河丢"的怨恨，各种离愁别恨给她的生活蒙上了一层浓浓的哀愁色彩。

以著名的《醉花阴》为例，这首词中的时间、地点、环境、气氛以及人物的神态、行为、情感都十分典型。

时间是在重阳佳节之夜，正是人们"倍思亲"之际，地点是在枕帐凉透的闺室，冷冷清清，再加上"薄雾浓云"的天气，其气氛更加凄凉低沉。

就在这时，女主人带着满袖菊香在窗前出神。如果说，此时主人的形象并不明澈，那一阵卷帘西风便又将一个比黄花还要瘦的女主人推到读者眼前。

李清照仅用寥寥数语就将一个生活中的平淡场景、主人公的外在形象刻画得栩栩如生，更揭示了主人公内心隐藏的、足以让人为之"销魂"的相思之苦。

由此可见，李清照笔下的"思妇"词，并没有复杂的场面，也没有过浓的色彩，只是在生活场景中精心描绘，给予人们丰富的想象空间，让人读之念念不忘，时有回响。

她曾经嘲笑柳永之词俗不可耐，讥讽晏殊等人强行以诗文作词，全无音乐之美，更直言文豪欧阳修的作品亦有不足。就连作为她父亲恩师的苏轼，其作品都曾经被她指摘过。

清代学者裴畅云认为她"自恃其才，藐视一切……第以一妇人能开此大口，其妄不待言，其狂亦不可及也"。

然而，细读她的词，慢品她的人生，能发现她虽然狂妄、不惧，却超凡脱俗。在那个礼教甚严的封建时代，她作为女子、晚辈，不惧先辈大家的权威，自由见地，可见其风骨不可折，其率真不可磨。"千古词人"这一称誉对于她来说，乃是实至名归。

## 诗文"才子"

王灼在《碧鸡漫志》中记载："易安居士……自少年便有诗名，才力华赡，逼近前辈。在士大夫中已不多得。若本朝妇人，当推文采第一。"

李清照不仅在词作上有着极高的地位，在诗文的创作上也十分出彩。从王灼对她的评价来看，她在诗文上的文采并不差，甚至可在宋朝女子中称第一。

说起李清照的诗文，首先要谈及的就是堪称"压倒须眉"的《浯溪中兴颂诗和张文潜二首》。

说起这两首诗来，很多学者至今都难以相信出自一位十七岁少女之手。更令人惊奇的是，此诗表现出作者的见识格局足以"压倒须眉"。

其一，李清照对历史的见解更加理智公允。

这首诗是李清照对张耒所作的《读中兴颂碑》的赓和，但是其主旨却比张耒之作更高一筹。张耒和黄庭坚等人类似，所作之诗是借浯溪之景，寄寓身世之叹。在诗中，他开头便把所有的过错推到杨玉环身上，认为她妖蛊祸国，最终死在马嵬坡是理所当然，而"万里君王蜀中老"才是最值得感慨的。

李清照与他不同，她并没有重弹"女色亡国论"的老调，而是公正地将唐朝衰败归结为朝廷腐败、奸雄得志。在此之上，她并没有否认"六军不发"的导火线是杨家兄妹。这种对历史的见解，比单纯地将亡国归结于女色之调显然深刻很多，也比那些处处为杨玉环开脱的诗人更加公允。

其二，李清照认为德泽在于心而不在于文。

唐代道家学者元结到长安应举时，李林甫玩弄权术，让应举的人全数落第，他只好归隐商余山，且对李林甫之流深恶痛绝。他写《大唐中兴颂》实质是为自己树碑立传，表明他痛恨奸佞。但与此同时，他又歌颂听信奸佞的皇帝，实在是自相矛盾。

而在李清照笔下，她认为像尧舜禹这种功德大如天的帝王，其品格不必用文字加以记载，也能深入人心。至于安史之乱，本来就是唐王咎由自取，并不值得歌颂。反观元结，不但撰文歌颂，还把它刻在山崖上，二者高下立现。

其三，李清照深知，国家兴亡不在于一位将军是否有雄才大略，而在于所有人是否齐心协力。

"君不见当时张说最多机，虽生已被姚崇卖。"正如她在《浯溪中兴颂诗和张文潜二首》中的第一首诗中所说，如果大宋朝臣都像姚崇、张说那样相互猜疑，工于心计，迟早会落入别人的圈套中。一个国家的安稳并不只是依靠哪一位将帅的谋略，众人应像郭子仪和李光弼那样，齐心协力。

在词作方面，李清照的音律、内容、表现手法都无可挑剔，而在诗文方面更是自谓"学诗谩有惊人句"（《渔家傲·天接云涛连晓雾》)。除了上述这两首诗,她笔下的惊人篇章不在少数。

其中,最具有代表性的当属她的《夏日绝句》:"生当作人杰,死亦为鬼雄。至今思项羽,不肯过江东。"

人活在世上就应该像张良、萧何和韩信一样,成为治国平天下的豪杰,死后则要像屈原所歌颂的为国捐躯的人一样,成为"鬼雄"。项羽在生死关头不肯过江苟安,在生死关头展现了凛然无畏的英雄气概。

李清照很佩服项羽这位末路英雄,更看重这类英雄身上的气节。她的这首诗在歌颂天下豪杰的同时,其实是在讽刺当时的南宋朝廷和宋高宗的"逃跑主义",以及像刘豫这样的篡夺政权的"毒瘤"。

品读李清照的这首诗,我们仿佛触摸到了她那颗渴望收复失地、振兴大宋的赤子之心。她渴望这乱世之中有更多的人站起来,做平凡而又豪迈的人杰和英雄,永远都不丢失那份气节。

除了慷慨激昂的诗文,她还创作了很多抒情诗。例如那首亦幻亦真的《晓梦》。

在诗中,她描绘了一个美好的仙境,她在仙境里面和仙人共同赏景、吃枣,何等欢愉赏心。然而,梦醒之后,她看看一切如原样,并无一丝改变,心中顿生惆怅。

在她心里,晁补之、张耒这些可敬的诗界前辈,就如仙境中的安期生、萼绿华等仙人。只可惜时局动乱,她自身虽然得以解脱,国家却尚在危难之中,这些前辈也如逝去的岁月,永不能再相见。

"仙诗"早已被前人写烂,然而她笔下的思想却无比高远,见识却无比超脱,这种品味的"仙诗",堪称一绝。

这些诗文皆凝结着这位风流才女的心血和思想,蕴含着这位乱世"才子"的感慨和悲叹。是乱世造就了她的诗名,也是她的诗让人们将这乱世看得更加透彻。

## 爱国志士

北宋灭亡、丈夫病故、被诬通敌、书画文物被毁被盗、再嫁匪人……李清照一生经历了数次难以逃脱的灾难。但是她并没有因此而屈服，并且逐渐从悼念亡夫、追悔轻信匪人等痛苦中解脱，将目光放在家国大事之上。在她的一首首忧世之作中，其爱国情怀展现得淋漓尽致。

绍兴三年春夏间，任军机防务最高机关——枢密院副长官的韩肖胄奉命出使金国，给事中胡松年任副使，一同前往金国去探望被俘虏在金的宋徽宗和宋钦宗。

当时，韩、胡使金是件大事，李清照早早听闻，想要拜访韩肖胄，却自觉家门寒微，不敢前去叨扰。无奈之下，她只好写下《上枢密韩肖胄诗二首》，以此表达她对大宋的一片忠诚之心。

第一首是长达八十句的杂言古体诗。

"三年夏六月，天子视朝久。凝旒望南云，垂衣思北狩。……子孙南渡今几年，飘零遂与流人伍。欲将血泪寄山河，去洒东山一抔土。"

在李清照笔下，这诗非但不显得冗长，反而句句如针，落笔见血，可知真情。

在诗中，她先是殷切祝福使者一路顺风，接着叮嘱使者要爱惜江山和钱财，绝不能轻易割地赔款。正如诗中所云："土地非所惜，玉帛如尘泥。谁当可将命，币厚辞益卑。"李清照对宋高宗赵构屈膝求和的做法感到耻辱。能说出此语，可见诗人见识和胆量是何等远大，对家国的热爱是何等深沉。

与宋高宗相比，李清照更加欣赏像韩肖胄这样的英雄之辈。她深知韩家世代功勋，祖辈既贤良又威严，因此韩肖胄这次出使定会不辱使命。

在李清照眼中，大宋缺少的正是这样的热血儿郎、爱国志士。如果大宋儿郎都能像岳飞、韩肖胄这般忠勇，大宋也不会落到如此地步。

她恨自己身为一介女流，没有打仗行军的本领，不能报效家国。若她身为男儿郎，定会不惜牺牲自己，将一腔热血洒在大宋国土之上，收复大宋失地，给百姓一个太平盛世。

"欲将血泪寄山河，去洒东山一抔土。"如果不了解李清照的爱国之心，很难相信这样慷慨的诗句出自她之手。在蒿目时艰、忧国忧民这方面，好男儿也不过如此，而李清照一介女子却能用寥寥数语写尽豪迈悲壮的情怀，可见其气概不凡，爱国感情之重。

第二首是一首七言律诗。

"想见皇华过二京，壶浆夹道万人迎。连昌宫里桃应在，华萼楼前鹊定惊。但说帝心怜赤子，须知天意念苍生。圣君大信明如日，长乱何须在屡盟。"

众人皆知，宋高宗赵构为了保住自己的皇位，一不顾江山社稷，一味求和；二不管父兄在金受苦受难，情愿向金人大量进贡。在当时的局势之下，人人都知宋高宗之意，出于自保，却无人肯出声反驳。

而李清照并没有因害怕而噤声，而是把满腔愤恨写在诗句中，公然指出，大宋若一直卑躬屈膝，其命运只能是灭亡。如果想要收复失地，大宋风骨不可失，意志不可移。若不是被强烈的爱国情感所驱使，李清照又怎敢冒着触犯龙颜的危险勇敢发声呢？

更值得一提的是，李清照这八句诗句句都与收复失地、维护国家尊严有关。在那个时代，她用一句句饱含真情的诗句激发民族自尊、自立的信念，其作品堪称优秀的爱国诗篇。

不仅如此，她对国家的"深爱"不是一时一刻，而是每时每刻。

与人打马时，她能写出"老矣谁能志千里，但愿相将过淮水"

这般对国家的殷勤盼望；游赏八咏楼，她能写出"水通南国三千里，气压江城十四州"这般不让寸土的坚贞意志；过富春江钓台时，她能写出"往来有愧先生德，特地通宵过钓台"这般不能为国尽力的愧疚……

她没有岳飞般的骁勇，无法带兵打仗、驰骋沙场，但是她用笔墨勾勒出大宋疆土；她没有韩肖胄般的智慧，无法出使金国，谋略天下，但是她用坚贞表明不让寸土的决心；她没有梁氏般的英勇，无法做到"巾帼不让须眉"，但是她用字字珠玑的诗句"压倒须眉"。

她的爱国之心如同"出淤泥而不染"的莲花，脱离了低级趣味，其品格清正高尚。在胸怀襟抱方面，她与岳飞、梁氏等英雄不分高下，堪称亘古女豪杰！

道不尽的豪情壮志，诉不完的别恨离愁。回溯李清照的一生，她的诗词仿佛是一面镜子，映照她的喜怒哀乐，映射宋朝这个大时代的风起云涌。